스포츠지도사

태권도

실기·구술 완전정복

이숙경 · 곽택용 · 진승태 공저

PY LEARNING MATE

저자 약력

이숙경

경력사항
전주대학교 태권도학과 교수
법인 주) 아라치 대표
전주대학교 대학혁신본부 비교과교육지원센터장
세계태권도본부 국기원 품새 실기 정교수
체육국가공인 자격시험(전문, 생활) 평가 및 구술출제위원
2009~2011 세계태권도품새선수권대회 1위(3연패)
2012 아시아품새선수권대회 1위

교재 및 프로젝트
특허출원: 태권도격파물 제10-1614427호
저서출판: 태권도안무론(2020), 스마트3s호신술(2019), M스포츠지도사
실기 · 구술 완전정복(개정 4판)
2014, 2017 우수학술연구자상 수상(한국체육학회)
한국연구재단: 신진연구, 중견연구, 실험실창업 사업 선정

학력사항
경희대학교 일반대학원 체육학 박사
홍익대학교 일반대학원 문화예술경영학 박사 수료

자격사항
태권도 공인 8단
스포츠(전문) 지도사 1급, 2급(태권도)
스포츠(생활) 지도사 1급, 2급(태권도)
스포츠(생활) 지도사 2급(에어로빅, 수영)
국기원 태권도사범 2급 자격증
국기원 승품단 심사위원 자격증
국기원 한마당 심판 자격증
국제태권도품새 심판 자격증
중등교원 2급 정교사(체육)
사회복지사 2급
평생교육사 2급
진로지도사 1급

곽택용

경력사항
용인대학교 태권도학과 교수
국기원 8단
국기원시범단 단원, 주장, 코치
1992 태권도 한마당대회 종합격파 우승
1996 월드컵 세계대회 우승(브라질)
1996 세계군인선수권대회 우승(크로아티아)
1999 라오스 태권도대표팀 감독
2003 세계 무예대회 우승(한마당 팀 대항 종합경연)
2002 최초 "북한 평양시범" 국가대표시범단
2006 "신화" 최초 태권도 공연 주연
2008~현재 대한태권도협회 국가대표시범단 감독
2008 Human Weapon 인간병기 태권도 주인공(History)
2010~2011 WT세계태권도품새선수권대회 한국대표팀 코치
2011 세계유니버시아드대회 감독(중국)
2012 "탈" 태권도 공연 유럽투어 춘풍역
2012 세계대학선수권대회 한국대표팀 코치
2013 올림픽 한국대표팀 코치(불가리아)
2016~2017 WT세계태권도연맹 드림팀 감독
2016~현재 ATU아시아 태권도연맹 교육분과 부위원장
2018 아시안게임 한국대표팀 코치(인도네시아)
2018~2019 스포츠지도사 구술출제위원
2019~2020 WT세계태권도연맹 품새 국제심판 교육강사
2020~2023 M스포츠지도사 태권도 실기·구술 완전정복 집필
국기원 및 대한태권도협회 겨루기, 시범, 심판교재 집필

학력사항
한국체육대학교 석사
성균관대학교 체육학 박사

자격사항
겨루기/품새 국제심판자격증
태권도 사범자격증
경기지도사 자격증
생활체육지도 자격증
국기원 승품단 심사자격증
한마당 심판자격증
중등(체육)교원 2급(교육부)

진승태

경력사항

단국대학교 국제스포츠학부 태권도 전공 교수

1993 미국 세계태권도선수권대회 1위
1995 필리핀 세계태권도선수권대회 1위
1997 홍콩 세계태권도선수권대회 1위
1994 케이만군도 월드컵태권도대회 1위
1998 독일 월드컵태권도대회 1위 MVP
1994 히로시마 아시안게임 1위
1992 말레이시아 아시아태권도선수권대회 2위
1993 US OPEN 태권도대회 1위 MVP
1994 이란혁명기대회 1위
1996 이란혁명기대회 1위 MVP

2000 시드니올림픽게임 미국국가대표 초청기술코치

1994 대통령체육훈장 거상장(김영삼대통령)
2000 대통령체육훈장 맹호장(김대중대통령)

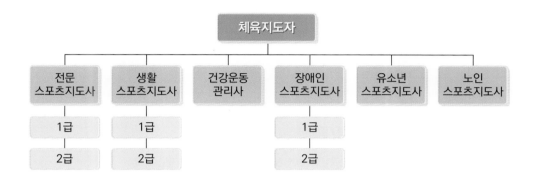

체육지도자	• 학교·직장·지역사회 또는 체육단체 등에서 체육을 지도할 수 있도록 「국민체육진흥법」에 따라 해당 자격을 취득한 사람
전문/생활 스포츠지도사	• 자격 종목에 대하여 전문체육 또는 생활체육을 지도하는 사람
유소년 스포츠지도사	• 유소년(만 3세부터 중학교 취학 전)의 행동양식, 신체발달 등에 대한 지식을 갖추고 자격종목에 대하여 유소년을 대상으로 체육을 지도하는 사람
장애인 스포츠지도사	• 장애유형에 따른 운동방법 등에 대한 지식을 갖추고 자격종목에 대하여 장애인을 대상으로 전문체육이나 생활체육을 지도하는 사람
노인 스포츠지도사	• 노인의 신체적·정신적 변화 등에 대한 지식을 갖추고 자격종목에 대하여 노인을 대상으로 생활체육을 지도하는 사람

시험 개요

▶ 시험 절차

필기	⇒	실기/구술	⇒	연수

▶ 실기 · 구술시험 대상자격/종목

전문(2급), 생활(1·2급), 장애인(1·2급), 유소년, 노인스포츠지도사 태권도 종목

▶ 실기 · 구술시험 검정대상

전문(2급), 생활(1·2급), 장애인(1·2급), 유소년, 노인 필기시험 합격자 및 필기시험 면제자

▶ 지원자 준비사항

공인 태권도복, 띠, 개인보호장비(마스크), 면장갑 등

▶ 합격 기준

실기시험과 구술시험 각각 만점의 70% 이상 득점

* 시험 일정에 관한 자세한 내용은 체육지도자 홈페이지(www.insports.or.kr)에서 확인할 수 있습니다.
반드시 최종 공고를 확인하시기 바랍니다.

▶ 실기 평가 내용

- 손기술 샘플동영상 https://www.youtube.com/watch?v=rmH2PYpXMAY
- 발차기 샘플동영상 https://www.youtube.com/watch?v=uzQrmCtSP90
- 표적차기 샘플동영상 https://www.youtube.com/watch?v=R3-vd7i1jMs

대분류	중분류	세부 내용	시행
기본 동작	손기술	• 제자리 ① <주춤서기> (왼)내려막기-(오)몸통지르기→(왼)몸통안막기-(오)몸통지르기→(왼)올려막기-(오)몸통지르기 ② <주춤서기> (오)내려막기-(왼)몸통지르기→(오)몸통안막기-(왼)몸통지르기→(오)올려막기-(왼)몸통지르기 • 앞으로 이동하며 ③ (오른)뒷굽이 (왼)한손날바깥막기 → (오른)앞굽이(오른)손날안치기 ④ 오른발물러딛어 (왼)뒷굽이 (오른)한손날바깥막기 → (왼)앞굽이 (왼)손날안치기 • 뒤로 이동하며 ⑤ (왼)뒷굽이 손날거들어바깥막기 → 오른발앞으로내딛어 (오른)앞굽이-(오른)등주먹앞치기 ⑥ (오른)뒷굽이 손날거들어바깥막기 → 왼발앞으로내딛어 (왼)앞굽이-(왼)등주먹앞치기	샘플 동영상 공고
	발차기	① 앞차기 → ② 내려차기 → ③ 돌려차기 → ④ 옆차기 → ⑤ 뒤차기 → ⑥ 360° 뒤후려차기 ※ 한 동작씩 끊어서 오른발, 왼발 번갈아 수행함	샘플 동영상 공고
품새	유급자 품새	• 태극 4장~태극 8장 중 1개 품새 (현장에서 추첨)	국기원 유튜브 채널 참고
	유단자 품새	• 고려품새~태백품새 중 1개 품새 (현장에서 추첨)	

대분류	중분류	세부 내용	시행
겨루기	표적 (미트) 차기	• 응시자 1명이 미트를 잡고, 1명은 차기를 수행 (교대하여 수행) ※ 제한시간: 시험위원이 통제함 (미트 교환 등의 시간 고려) • 전후 이동하며 공격 & 방어 표적차기 ① (공격) 오른발(뒷발) 몸통 돌려차기 → 왼발(뒷발) 얼굴 돌려차기 　(방어) [물러딛기]-오른발(뒷발) 몸통 돌려차기 　(공격) 왼발(뒷발) 몸통 돌려차기 → 오른발(뒷발) 얼굴 돌려차기 　(방어) [물러딛기]-왼발(뒷발) 몸통 돌려차기 ② (공격) 왼발 발붙여 몸통 돌려차기 → 왼발 발붙여 얼굴 내려차기→ 　　오른발(뒷발)얼굴 내려차기 　(방어) [물러딛기]-오른발(앞발)몸통돌려차기 → [물러딛기]-오른발 　　(앞발)얼굴 내려차기 　(공격) 오른발 발붙여 몸통 돌려차기 → 오른발 발붙여 얼굴 내려차기 　　→ 왼발(뒷발)얼굴 내려차기 　(방어) [물러딛기]-왼발(앞발)몸통돌려차기 → [물러딛기]-왼발(앞발) 　　얼굴 내려차기 ③ (공격) 오른발(뒷발) 몸통 돌려차기 → 왼발-오른발 몸통 나래차기 → 　　오른발 몸통 돌개차기 　(방어) [물러딛기]-왼발(뒷발)몸통 돌려차기 → [물러딛기]-오른발(뒷 　　발)얼굴 내려차기 　(공격) 왼발(뒷발) 몸통 돌려차기 → 오른발-왼발 몸통 나래차기 → 왼 　　발 몸통 돌개차기 　(방어) [물러딛기]-오른발(뒷발)몸통 돌려차기 → [물러딛기]-왼발(뒷 　　발)내려차기 ④ (공격) 왼발 발붙여 몸통 돌려차기 → 왼발(몸통) 오른발(얼굴) 나래차 　　기 → 오른발 얼굴 돌개차기 　(방어) [물러딛기]-왼발(뒷발)몸통 돌려차기 → [물러딛기]-오른발(뒷 　　발)얼굴 돌려차기 　(공격) 오른발 발붙여 몸통 돌려차기 → 오른발(몸통) 왼발(얼굴) 나래 　　차기 → 왼발 얼굴 돌개차기 　(방어) [물러딛기]-오른발(뒷발)몸통 돌려차기 → [물러딛기]-왼발(뒷 　　발)얼굴 돌려차기	샘플 동영상 공고

▶ 실기 평가항목 및 평가요소

영역	기술(배점)	평가항목	평가기준
기본동작 (10점)	손기술, 서기 (4점)	① 정확성(2점)	동작모양, 동작완성
		② 숙련성(2점)	숙련도, 활용도, 난이도, 표현력
	발기술 (6점)	① 정확성(3점)	동작모양, 동작완성
		② 숙련성(3점)	숙련도, 활용도, 난이도, 표현력
품새 (40점)	유급자 품새 (20점)	① 정확성(10점)	동작모양, 동작완성
		② 숙련성(10점)	숙련도, 활용도
	유단자 품새 (20점)	① 정확성(10점)	동작모양, 동작완성
		② 숙련성(10점)	숙련도, 활용도, 난이도, 표현력
겨루기 (40점)	표적(미트)차기 (40점)	① 지도능력(20점)	미트 잡는 방법, 타격의 효율성, 상호 간의 협응력
		② 수행능력(20점)	차기의 정확성, 숙련성, 체력, 공방력
품위 (10점)	지도사 자세 (10점)	① 태도(10점)	예절, 자세, 복장, 용모

구술 검정

▶ 구술 검정 출제 내용

구분	규정	지도방법	
		이해능력	지도능력
2급 전문	겨루기 및 품새 경기규칙	선수의 개념 및 특성 이해	태권도 선수부의 지도방법
1급 생활	심사규정·규칙 (고단자 심사기준)	고단자의 개념 및 특성 이해	고단자 태권도 지도방법
2급 생활	심사규정·규칙 (저단자 및 유급자 심사기준)	저단자 및 유급자 개념 및 특성 이해	저단자 및 유급자 지도방법
유소년	심사규정·규칙 / 경기규칙 (유소년 기준)	유소년의 개념 및 특성 이해	유소년 태권도 지도방법
노인	심사규정·규칙 / 경기규칙 (유단자 심사기준)	노인의 개념 및 특성 이해	노인 태권도 지도방법
1급 장애인※	심사규정·규칙 / 경기규칙 (유단자 심사기준)	고단자 장애인의 개념 및 특성 이해	고단자 장애인 지도방법
2급 장애인※	심사규정·규칙 / 경기규칙 (저단자 및 유급자 심사기준)	저단자 및 유급자 장애인의 개념 및 특성 이해	저단자 및 유급자 장애인 지도방법

※ 1·2급 장애인스포츠지도사 구술시험
　- 장애인 관련 심사규칙은 제정되어 있지 않음으로 비장애인을 기준으로 제정된 심사규정·규칙에서 출제

▶ 구술 검정 문제 출처 참고사항

구분	규정	지도방법	
		이해능력	지도능력
2급 전문	- 겨루기 경기규칙 - 품새 경기규칙	- 스포츠교육학 - 스포츠사회학 - 스포츠심리학 - 스포츠운동학습 - 스포츠운동제어 등	- 태권도교본 - 3급 태권도사범교재 - 운동생리학 - 운동역학
1급 생활	- 태권도 심사규정·규칙	- 태권도교본 - 1, 2, 3급 태권도사범교재	- 태권도교본 - 1, 2, 3급 태권도사범교재
2급 생활	- 태권도 심사규정·규칙	- 3급 태권도사범교재	- 태권도교본 - 3급 태권도사범교재

✕ M스포츠지도사 태권도 실기·구술

구분	규정	지도방법	
		이해능력	지도능력
유소년	- 태권도 심사규정·규칙 - 겨루기, 품새 경기규칙	- 스포츠교육학 - 스포츠사회학 - 스포츠심리학 등	- 태권도교본 - 3급 태권도사범교재 - 운동생리학 - 운동처방론 - 스포츠 트레이닝
노인	- 3급 태권도사범교재 - 태권도 심사규정·규칙	- 노인교육론 - 노인체육론 - 노인건강교육 - 노년학개론	- 태권도교본 - 1, 2, 3급 태권도사범교재 - 노인체육이론 및 실제
1급 장애인	- 태권도 심사규정·규칙 - 겨루기, 품새 경기규칙	- 장애인복지법 - 장애인특수교육법 - 특수체육론 - 특수교육학 - 특수체육의 이해	- 태권도교본 - 3급 장애인태권도사범교재 - 특수체육 원리와 방법 - 장애인스포츠지도법
2급 장애인	- 태권도 심사규정·규칙 - 겨루기, 품새 경기규칙	- 장애인복지법 - 장애인특수교육법 - 특수체육론 - 특수교육학 - 특수체육의 이해	- 태권도교본 - 3급 장애인태권도사범교재 - 특수체육 원리와 방법 - 장애인스포츠지도법

▶ 구술 검정 배점 및 내용

영역	배점	내용
규정	40점	• 국기원 심사규칙의 시험 종목별 적용 • 세계태권도연맹과 대한태권도협회 겨루기·품새 경기 규칙의 시험 종목별 적용
지도방법	40점	• 시험 종목별 지도대상의 개념 및 특성 이해 • 시험 종목별 지도방법
태도	20점	• 질문이해, 내용표현(목소리), 자세·신념, 복장·용모

※ 각 문제별 구술 제한시간: 1분

검정 장소(배치도)

실기 검정 장소

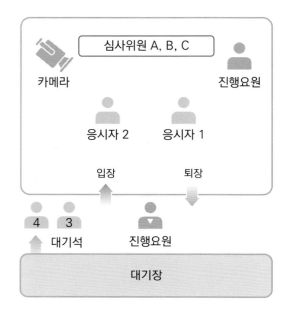

구술 검정 장소

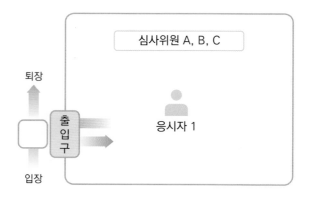

※ 검정장소의 배치는 변동될 수 있음

※ 실기 검정은 2인 1조로 실시, 구술 검정은 1인 1조로 실시(단, 사정에 따라 변경될 수 있음)

Q 구술시험 중 질문에 답을 하지 못하면 어떻게 되나요?

A 질문에 답을 하지 못하고 계속 시간이 흐를 경우 심사위원은 답을 할 수 없는 것으로 간주합니다. 다음 문제로 넘어가거나 구술 검정을 거기서 종료할 수 있으므로 유의해야 합니다.

Q 구술 및 실기 평가 시 복장과 준비물은 어떻게 해야 하나요?

A 복장은 단정하게 도복과 띠를 착용하는 게 좋으며, 여자의 경우 속에 하얀 티셔츠를 입도록 합니다. 또한, 소매를 접거나 바짓단을 접지 않도록 도복 복장을 단정히 하여야 합니다. 겨루기 실기의 경우 마우스피스 및 팔 · 다리 보호대는 각자 준비하여야 하며, 몸통보호대는 시험장에서 갖추고 있기도 합니다. 당해 연도 실기시험 공지를 필히 확인해야 합니다.

Q 구술 및 실기의 합격 기준은 몇 점인가요?

A 구술의 경우 평가위원 3명이 각자의 문제를 추려 질문하며, 지식과 태도의 합이 70점 이상이어야 합니다. 실기의 경우 품새와 겨루기 영역의 태권도기술능력과 실기에 임하는 적극적인 태도를 통해 70점 이상의 평가를 받아야 합격할 수 있습니다.

Q 어떤 태도로 시험에 응시하여야 하나요?

A 응시생은 항상 당당한 자세로 시험에 임하여야 합니다. 구술의 경우 태도 영역에서 내용표현(목소리) 항목이 있기 때문에 본인이 아는 한도 내에서 크고 당당한 목소리로 구술시험 질문에 답변하는 것이 합격에 유리합니다.

Q 문제지 추첨 후 문제를 제출하는 방식은 어떻게 다른가요?

A 각 시험장 상황에 따라 달라집니다. 응시생이 문제를 뽑고 문제번호를 이야기한 뒤 직접 문제를 읽고 답하기도 하고, 감독관이 문제를 읽고 응시생이 답하는 경우도 있습니다.

목 차

* PART 04와 PART 05의 학습자료는 QR코드를 스캔하여 확인하세요.

PART 04 실기영역(주요 규칙 및 규정)

※ QR코드를 스캔하면 관련 학습자료 및 참고 영상을 확인하실 수 있습니다.

※ 관련 동작은 구술 및 실기고사 전에 기관 홈페이지에 탑재됨

QR코드
스캔

PART 05 최신 구술자료 다시보기[웹북]

QR코드
스캔

이해능력 영역

TAE
KWON
DO

CHAPTER 01 공통 이해능력

CHAPTER 02 유소년 스포츠지도사 이해능력

CHAPTER 03 노인 스포츠지도사 이해능력

CHAPTER 04 장애인 스포츠지도사 이해능력

CHAPTER 01

공통 이해능력

Q. 001 ③
스포츠인권에 대해 설명하시오

스포츠인권이란 선수들이 보다 인권친화적인 환경에서 존중받으며 운동을 하기 위한 기본적인 권리를 의미한다.

> **보충**
>
> **스포츠인권의 4가지 기본권리**
> - 어떠한 이유를 막론하고 폭력과 성폭력으로부터 보호받을 권리
> - 정규교과 과정을 학습할 권리
> - 차별 없이 균등한 기회를 제공받을 권리
> - 개인의 자유로운 영역을 간섭받거나 침해받지 않을 권리

Q. 002 ③
체중감량을 위한 방법 중 운동이 체중조절에 좋은 이유는 무엇인지 설명하시오.

- 운동으로 열량을 소모할 수 있다.
- 지방대사를 촉진한다.
- 건강 전체에 영향을 미친다.
- 심리적 안정감을 준다.

Q. 003 ③
비만자를 위한 운동처방 및 지도를 위해 유의해야 할 사항은?

운동형태, 운동강도와 시간, 운동빈도

Q. 004 ③

태권도 지도를 효율적으로 하기 위한 기술습득 3단계에 대해 설명하시오.

태권도 지도 시 기술습득 3단계는 '인지 단계 – 연합 단계 – 자동화 단계'로 구분하고 있다.

> **보충**
>
> **운동학습에서 기술습득의 3단계**
>
> 예 아래막기를 중심으로 설명하면 먼저 아래막기가 어디를, 어떻게 막는지에 대한 방법과 특성을 알려주고 동작을 만들어 가는 단계가 인지 단계이며, 연합 단계는 아래막기를 움직이면서 다양하게 연습하는 단계이며, 마지막 자동화 단계는 공격이 들어왔을 때 자동적으로 막아지는 숙달된 단계를 말한다.

Q. 005 ②

전문체육을 정의해 보시오.

「국민체육진흥법」에서 특정 경기종목에 관한 활동과 사업을 목적으로 설립되고, 대한장애인체육회에 가맹된 법인 또는 단체인 경기단체 및 장애유형별 체육단체에 등록된 선수들이 수행하는 운동경기를 의미한다.

Q. 006 ②

생활체육을 정의해 보시오.

삶의 질 향상을 목표로 일반 국민이 여가시간에 자발적으로 참여하는 모든 체육활동의 총체를 뜻한다. 건강 및 체력증진을 위해 행하는 자발적이고 일상적인 체육활동을 통해 삶의 질을 향상시키고 행복을 추구한다.

Q. 007 ②

생활체육의 3요소에 대해 설명하시오.

생활체육 시설(장소), 프로그램, 지도자

Q. 008 02
태권도 생활체육지도자에 대하여 설명하시오.

참가자에게 영향을 미치고 체육활동의 방향을 안내하고, 태권도 운동 종목에 대한 기능과 지식을 가르치며 지시하는 사람을 말한다.

Q. 009 02
태권도 생활체육지도자의 역할에 대해 설명하시오.

태권도 운동기능 뿐만 아니라, 생활체육의 전반적 기능 및 지식을 전달하고, 교육 대상자를 조직적이고 체계적으로 관리해야 한다.

Q. 010 03
스포츠의 탈사회화가 생기는 원인은 무엇인가?

- 자의나 타의에 의한 이유 때문에
- 청소년기 학교 공부, 군 입대, 취업, 이사 등의 이유 때문에
- 운동기량의 부족 혹은 저하 때문에
- 부상이나 미래에 대한 불안감 때문에
- 지도자와의 갈등이나 운동에 대한 싫증 때문에

Q. 011 02
태권도 지도자의 자질에 대해 말해 보시오.

태권도 전문 지식에 대한 의사전달능력, 지도자로서 책임감과 도덕적인 성품을 지녀야 한다. 특히 태권도는 어린이 인성교육을 대표하기 때문에 교육적 사명감과 철학을 갖추어야 한다.

생애 주기별 건강 특성

청소년기	• 아동기에서 성인기로 전환되는 과도기, 급격한 신체 성숙 • 2차 성징, 감정적 독립, 자아 정체성 확립, 사회성 발달
청년기 · 중년기	• **청년기**: 성장과 발달이 끝남, 성숙, 사회활동, 결혼 • **중년기**: 신체기능 저하, 만성병 위험 증가
노년기	• 몸의 기능 저하, 신체 활동량 감소, 의존성 커짐 • 면역력 약화, 은퇴, 경제적 능력 상실

Q. 012 ⑫

일과 운동의 차이는 무엇인가?

일은 생업을 위하여 실시하고, 운동은 레저나 건강을 위해 실시한다. 일은 스트레스를 유발할 수 있으나 운동은 스트레스를 해소하는 역할을 한다.

Q. 013 ⑫

일반적으로 발목이 다쳤을 때 응급 처치 방법은?

R, I, C, E요법으로 처치한다.
① **Rest(휴식)**: 다쳤을 경우 먼저, 안전하고 편한 자세로 만들어 준다.
② **Ice(얼음)**: 얼음찜질로 혈관을 수축시켜 통증과 부종을 감소시킨다(3일간-지속적으로 실시).
③ **Compression(압박)**: 상해부위의 붓기를 조절하며, 2차적 부상을 예방한다.
④ **Elevation(환부 높임)**: 심장보다 높은 곳에 환부를 위치시켜 중력 작용으로 인한 부종을 줄여준다.

Q. 014 ③

태권도 수련 단계에 따라 운동방법을 설명하시오.

단 계	운 동	내 용
도입 단계	준비운동 (Warm-Up)	운동으로 인한 부상을 예방하고 등에 땀이 날 정도의 강도, 5~15분간 실시
전개 단계	본 운동	운동의 효과를 얻을 수 있는 단계, 심폐기능을 자극할 수 있는 운동, 20~30분 정도 실시
마무리 단계	정리운동 (Cool-Down)	운동 전 상태로 복귀시키는 과정, 근육이 뭉치는 것 방지(젖산 축적 방지, 근육통 방지), 15분 정도 실시

Q. 015 ③

준비운동의 필요성에 대하여 설명하시오.

체온을 높이고, 근육 신전, 관절의 가동범위 증가, 주운동의 효과 증대, 순환계의 기능 활성화, 운동 상해를 방지하므로 필요하다.

Q. 016 ③

유산소운동이란 무엇인지 설명하시오.

산소공급이 활발하게 시행되는 운동으로, 종류로는 장거리 달리기, 조깅, 수영, 에어로빅 등이 있다. 태권도 겨루기는 유산소성 운동에 해당한다.

Q. 017 ③

무산소운동이란 무엇인지 설명하시오.

산소의 공급을 최소화하여 시행되는 운동으로, 단거리 달리기, 역도, 투포환 등이 있다. 태권도 품새는 무산소성 운동에 해당한다.

Q. 018 02
트레이닝의 종류는?

웨이트 트레이닝, 서킷 트레이닝, 인터벌 트레이닝 등이 있다.

보충

① **웨이트 트레이닝(Weight Tr.)**: 무게를 가지고 하는 트레이닝
② **인터벌 트레이닝(Interval Tr.)**: 트레이닝 후 완전히 쉬지 않고 조깅 등으로 이어나가는 트레이닝
③ **서킷 트레이닝(Circuit Tr.)**: 회로 훈련법이라고도 하며 일정한 순서대로 돌아가면서 실시하는 트레이닝
④ **레피티션 트레이닝(Repetition Tr.)**: 완전한 휴식을 사이에 두고 반복하는 트레이닝
⑤ **파트렉 트레이닝(Fartlek Tr.)**: 들, 강가, 해변 도로를 자기에게 맞는 스피드로 달리는 트레이닝
⑥ **컨티뉴티 트레이닝(Continuity Tr.)**: 한 번 트레이닝을 시작하면 전혀 휴식을 취하지 않고, 녹다운될 때까지 계속하는 트레이닝

Q. 019 03
도핑(Doping)이란?

운동경기에서 체력을 극도로 발휘시켜 좋은 성적을 올리기 위하여 호르몬제, 흥분제 등을 복용하는 것을 말한다.

Q. 020 03
기초대사량이란 무엇인지 설명하시오.

생물체가 생명을 유지하는 데 필요한 최소한의 에너지양을 뜻한다.

Q. 021 03
태권도 수련과 수분섭취의 관계에 대해 설명하시오.

수분은 체중의 55~60%를 차지하며, 수분의 역할은 영양소 공급과 노폐물 제거이다. 그러나 수분이 부족하면 탈수현상이 일어날 수 있으므로 운동 중간에 조금씩 수분을 섭취하도록 해야 한다.

Q. 022 ③

인체에서 수분의 역할은?

- 체온의 항상성 유지
- 신체의 노폐물을 대소변, 땀 등을 통해 배설시킴
- 신진대사 활동의 촉매제
- 영양소를 용해시켜 소화·흡수하게 함

Q. 023 ③

탈수의 생리적인 영향에 대해 설명하시오.

신체에 수분이 모자라 일어나게 되는 증상으로, 탈수 시 근력 감소, 운동 수행능력 감소, 산소 섭취량 감소, 혈장과 혈액용적 감소, 심장 기능 감소, 간 글리코겐이 고갈된다.

Q. 024 ③

체육지도자(생활, 전문, 유아, 노인, 장애인)의 역할은 무엇인가?(3가지 이상)

- 대상의 특성에 따라
① 체육활동 목표의 설정
② 체육 프로그램의 개발
③ 효율적인 지도 기법의 개발
④ 생활체육 지도자 간의 인간관계 유지
⑤ 생활체육 프로그램의 개발
⑥ 생활체육 재정의 관리
⑦ 생활체육 활동용 기구의 효율적 운용
⑧ 생활체육에 대한 연구활동
⑨ 지역사회와의 유대관계 형성 및 강화
⑩ 안전사고 예방 및 시설관리
⑪ 활동 내용의 기록 및 문서 관리

Q. 025 ③

체육지도자(생활, 전문, 유아, 노인, 장애인)의 기능은 무엇인가?

① 체육활동의 조직 기능
② 체육활동 집단의 대표 기능
③ 체육활동 집단의 분위기 조성 기능
④ 체육활동 집단의 과업 평가 기능
⑤ 체육활동의 전문가로서 이상 제고

Q. 026 ③

체육지도자(생활, 전문, 유아, 노인, 장애인)의 자질에 대해 설명하시오.

- 태권도 지도자로서
① 전문적 지식
② 의사전달 능력
③ 투철한 사명감
④ 도덕적 품성
⑤ 칭찬의 미덕
⑥ 공정성
⑦ 활달하고 강인한 성격

보충

- **전문적 지식**: 지도자로서 태권도에 대한 전문적이고 전반적인 지식을 가지고 있어야 한다.
- **의사전달 능력**: 참가자의 관심 유도 및 유지, 의사전달 내용의 상세한 설명, 성실한 청취 태도 분위기 조성이 이루어져야 한다.
- **투철한 사명감**: 투철한 사명감을 지닌 지도자는 참가자의 과도한 긴장이나 불안을 해소시켜 줌으로써 생산적 활동을 주도하고, 자발적 의지로 자신이나 집단의 목표를 성취하도록 유도한다.
- **도덕적 품성**: 생활체육 참가자를 유인하는 하나의 매력으로 작용하며 수련생과 원만한 인간관계를 형성하도록 이끌어 준다.
- **칭찬의 미덕**: 참가자의 과제 수행에 대한 긍정적 동기유발을 촉진한다.
- **공정성**: 생활체육 지도자는 성, 연령, 교육수준, 지역, 사회계층, 운동기능 수준, 외모 등에 의한 편견 없이 참가자 모두를 평등하게 대우하고 지도해야 한다.
- **활달하고 강인한 성격**: 생활체육 참가자로 하여금 친근감 및 신뢰감을 형성시켜 주며, 집단의 우호적 분위기 조성에 기여한다.

Q. 027 ③

준비운동의 효과를 설명하시오.

부상 예방, 관절의 가동범위 높임, 효소기능 촉진, 혈류 증가, 근육의 산소 유용성 높임, 경기에 대한 심리적 적응 등이 있다.

Q. 028 03
흡연이 운동수행 능력에 미치는 영향을 설명하시오.

기도저항 증가, 산소량 감소, 심폐기능 저하, 지구력 감소 등이 있다.

Q. 029 03
알코올 섭취가 스포츠 경기력에 미치는 영향을 설명하시오.

반응시간 저하, 평형성 저하, 심혈관계 및 지구력 저하 등이 있다.

Q. 030 03
서킷 트레이닝(Circuit training)으로 인한 신체의 반응 효과를 설명하시오.

유산소와 무산소를 겸하므로 심폐지구력과 근지구력을 향상시킨다.

Q. 031 03
유산소성 에너지 시스템을 활용하는 운동 종목을 아는 대로 말하시오.

중장거리 달리기(5,000m, 10,000m, 마라톤 등), 사이클, 조깅, 크로스컨트리, 에어로빅 등이 있다. 태권도는 겨루기 종목이 유산소성 운동에 속한다.

Q. 032 02
스트레칭(Stretching)이란?

근육을 신전시키는 운동으로 근육, 건, 인대, 관절의 통증이나 부상을 방지한다.

Q. 033 ③

생활체육의 필요성을 2가지 이상 설명하시오.

① 인간의 여가시간을 건설적, 교육적으로 선용하는 기회를 제공하며 건전한 사회적 풍토를 조성하는 데 기여한다.
② 운동시간이 부족한 현대인들에게 필요한 적정량의 신체활동 기회를 제공하여 건강 증진과 강한 체력을 육성한다.
③ 현대사회의 각종 병리현상으로 인하여 발생하는 걱정, 갈등, 열등감, 죄의식, 우울증 및 공격성을 해소시킬 수 있다.
④ 팀워크, 공동체 의식 강화, 사회적 결속을 통하여 원만한 사회생활을 영위할 수 있도록 돕는다.

Q. 034 ③

태권도의 기능을 신체적, 심리적, 사회적 측면으로 구분하여 설명하시오.

신체적 기능	심장병이나 고혈압 등 성인병 예방과 치료에 도움이 된다.
심리적 기능	일반적으로 긴장, 공격성 및 좌절과 같은 파괴 본능을 안전하면서도 효과적으로 방출하기 위한 수용력을 가지고 있다. 즉, 긴장 및 갈등의 해소에 도움이 된다. 또한, 강한 연대의식, 우애, 소속감, 친밀감의 감정을 유발시킬 수 있다.
사회적 기능	사회구성원에게 그 사회의 생활 원리와 조화를 이루어 행동하며 살아가도록 사회화시킨다. 또한, 각기 다른 개성과 이해를 지닌 이질적인 개인을 공동체로 융화하여 화합시키는 기능을 지니고 있다.

Q. 035 ③

체육지도의 목표에 대하여 설명하시오.

탐구능력 향상, 건강 증진, 사회관계 촉진, 지적 성장, 의사결정 능력과 독립심 배양, 여가선용의 기회 제공, 가족 유대관계 강화, 환경의 중요성 인식, 협동정신 강화, 시민정신 육성 등이 있다.

보충

- **탐구능력 향상**: 생활체육 지도자는 새롭고 다양한 체육활동의 가치를 창출함으로써 참가자로 하여금 탐구 감각을 기를 수 있도록 촉진한다.
- **건강 증진**: 생활체육 지도자는 참가자의 신체적, 정신적, 사회적 건강을 유지 및 증진시키는 데 기여해야 한다.
- **사회관계 촉진**: 생활체육 지도자는 참가자 간에 원만한 유대관계를 유지하도록 도와주는 한편, 궁극적으로 보다 바람직한 사회성을 함양하도록 유도한다.
- **지적 성장**: 생활체육 지도자는 참가자에게 새로운 경험, 호기심 충족, 그리고 새로운 도전의 기회에 대한 욕구를 자연스럽게 충족시킬 수 있도록 도와주어야 한다.
- **의사결정 능력과 독립심 배양**: 자연친화적 야외 체육활동은 자율적 행동과 외부 환경에 대한 적응 그리고 독립심을 기르는 데 유익하다.
- **가족 유대관계 강화**: 생활체육 지도자는 가족단위 참가를 유도함으로써 가족 유대강화에 기여해야 한다.
- **환경의 중요성 인식**: 생활체육 지도자는 야외활동이나 자연친화적 체육활동을 통해 환경에 대한 정보 및 가치를 일깨워 줌으로써 환경오염 및 파괴를 방지하고 주변을 아름답게 가꾸는 자연보호 습관을 기르도록 유도한다.
- **협동정신 강화**: 생활체육 지도자는 참가자 개개인에게 소속감을 느끼게 하고 타인을 존중하는 자세를 주지시켜 협동정신을 배양하도록 돕는다.
- **시민정신 육성**: 생활체육 지도자는 사회, 문화의 학습과 이해를 통하여 참가자의 시민정신을 함양시키도록 촉구한다.

Q. 036 ⑬

태권도 프로그램의 기획 단계에 대하여 설명하시오.

프로그램 기획 철학 및 목적 이해, 요구조사, 프로그램 목적 및 목표 설정, 프로그램 계획, 프로그램 실행, 프로그램 평가 등이 있다.

보충

- **프로그램 기획 철학 및 목적 이해:** 생활체육 프로그램의 기획은 단체의 철학에 기초해서 이루어지므로 생활체육 프로그램 계획자는 현행 프로그램이 단체의 철학 및 목적에 부합되는지, 그리고 단체의 철학을 구현하는 데 프로그램이 기여하고 있는가를 살펴보아야 한다.
- **요구조사:** 참가자가 새롭고 즐거운 경험 및 만족감을 얻을 수 있도록 참가자의 요구를 반영하는 절차를 거쳐야 한다.
- **프로그램 목적 및 목표 설정:** 프로그램의 목적 설정은 프로그램 기획의 전 과정에서 추진하여야 할 방향을 제시한다. 또한 목적을 달성하기 위해서는 구체적으로 성취하여야 할 실천 내용을 수반하는데 이것이 바로 목표이다.
- **프로그램 계획:** 이는 프로그램 설계 및 계획서 작성 단계로 구분된다. 먼저, 프로그램 설계는 프로그램 구성 요소를 확인하고 단계별 활동 시나리오를 계획하는 것으로서 프로그램 운영에 필요한 활동 시나리오를 개념화하고 우선순위를 결정하는 데 목적이 있다. 프로그램 계획서는 건물의 청사진이라고 할 수 있다. 프로그램 계획서는 미래 프로그램 운영의 지침으로 이용되며 설계 단계에서 발견되는 문제점을 실행 전에 바르게 교정하는 역할을 한다.
- **프로그램 실행:** 실행에서 대부분의 시간을 소비하며, 물리적 공간 확보와 배열, 프로그램 광고, 참가자 등록, 지도자 구성 및 관리 등 주의를 기울여야 할 내용이 많다.
- **프로그램 평가:** 좁은 의미로는 이미 제시된 활동 목표에 대한 경험 효과를 측정하는 과정이며, 넓은 의미로는 프로그램 활동을 통하여 참가자와 지도자의 생활체육에 대한 가치, 태도 및 운동 기능 수준의 변화를 판정하는 것이다.

Q. 037 ③

3대 영양소(nutrient)란 무엇인지 답변하시오.

탄수화물(carbohydrate), 지방(lipid), 단백질(protein)

Q. 038 ③

탄수화물에 대하여 설명하시오.

탄수화물은 식물의 엽록소에서 광합성에 의해 생기는 것으로, 공기 중의 이산화탄소가 태양에너지로 인해 수분과 수화되어 만들어 내는 것이다. 이렇게 생성된 포도당은 식물체 내에서 두 가지 형태로 저장된다.

Q. 039 ③

지방에 대하여 설명하시오.

지방은 탄수화물이나 단백질보다 더 농축된 형태의 열량 식품으로 1g당 9Kcal의 높은 열량을 낸다. 또한 물에 녹지 않고 에테르, 아세톤, 알코올, 벤젠 등의 유기용매에 녹는다.

급원식품
- **동물성 지방**: 육류, 어류, 조류, 우유, 유제품(버터 등), 달걀 등에 함유
- **식물성 지방**: 마가린, 각종 식용유지(콩기름, 옥수수기름, 들기름, 참기름 등), 일부 과일(아보카도, 올리브 등)

Q. 040 ③

단백질에 대하여 설명하시오.

단백질은 탄소, 수소, 산소, 질소 등의 원소로 구성되어 있는 복잡한 유기화합물이다. 체내에서 조직을 합성하고, 많은 종류의 효소를 구성하며 유기촉매제로서 대사에 참여하며, 또한 대사를 진행시키는 데 중요한 역할을 하는 호르몬을 구성한다. 또한 항체를 형성하여 외부에서 들어오는 이물질에 대해 저항할 수도 있으며, 세포를 구성하는 구조적인 기능과 함께 물질 이동에 중요한 역할을 한다.

급원식품

어류, 육류 등의 근육이나 내장, 생선, 달걀, 우유, 치즈는 필수 아미노산을 많이 함유하고 있으며, 식물성 식품으로는 두류(콩), 견과류, 곡류가 좋은 단백질 급원이다. 하지만 식물성 식품은 대체적으로 소량의 단백질을 함유하고 있다.

Q. 041 ③

비타민에 대하여 설명하시오.

비타민은 신체조직의 기능과 성장 및 유지를 위해서 적절한 시기에 아주 적은 양이 필요한 필수 유기물질이다. 비타민 자체는 체내에서 에너지를 내지는 않지만 에너지를 생성하는 화학적 반응을 도와준다.

급원식품

- **비타민 A:** 동물의 간, 어유, 우유, 달걀, 마가린, 당근, 시금치, 호박, 깻잎, 토마토 등의 주로 진한 녹색이나 주홍색을 띤 채소와 과일에 풍부함
- **비타민 E:** 곡류, 종과류, 식물성 기름
- **비타민 K:** 간, 녹색채소 잎사귀, 브로콜리, 완두콩
- **비타민 B1:** 적은 양이지만 식품에 널리 분포되어 있음. 이스트, 돼지고기, 간, 전곡류, 강화된 곡류, 파란 콩, 아스파라거스, 땅콩, 버섯, 대부분의 과일
- **비타민 B2:** 우유와 유제품(요거트, 치즈), 강화된 빵 종류, 크래커, 달걀, 육류
- **나이아신:** 쇠고기, 닭고기, 칠면조, 생선, 밀겨, 버섯, 강화시킨 빵, 크래커, 시리얼 등
- **비타민 B6:** 동물 근육에 저장되기 때문에 육류, 생선, 조류 등으로의 섭취가 가장 좋고, 바나나, 시금치, 감자 등에 많음
- **엽산:** 간 종류, 강화한 시리얼, 곡류 제품과 두류, 녹색 채소 등
- **비타민 B12:** 육류(특히 간, 신장, 심장), 조류, 해산물, 달걀에 가장 많이 함유되어 있음

Q. 042 ㉓

무기질에 대하여 설명하시오.

신체를 구성하고 있는 요소이며, 체내에서 유기물질이 완전히 산화한 후에도 남아 있는 생물체의 회분의 구성분이다.

무기질은 체조직의 구성, 수분과 산·염기의 평형 조절, 효소와 호르몬 같은 물질을 합성하여 체작용 조절, 신경충동의 전도와 근육수축을 용이하게 하는 4종류로 나눌 수 있다.

- **산성식품:** 황, 인을 많이 가진 제품
   예 육류, 어류, 곡류, 달걀 등
- **알칼리성 식품:** 칼륨, 나트륨, 마그네슘, 칼슘을 많이 가진 식품
   예 과실, 채소, 해조류, 우유 등

Q. 043 ③

근수축의 종류에 대해 설명하시오.

- **등척성 수축(Isometric contraction)**: 정적 수축으로 근섬유의 길이 변화 없이 장력이 발생함
- **등장성 수축(Isotonic contraction)**: 동적 수축으로 근섬유의 길이 변화에 따라 장력이 발생함
- **등속성 수축(Isokinetic contraction)**: 동적 수축으로 관절 가동범위 전체에 저항을 주며, 일정속도를 유지하는 수축

Q. 044 ③

등장성·등척성·등속성 운동에 대해 설명하시오.

- **등장성 운동**: 근육의 길이가 변화하면서 수축하는 운동
  - 예 웨이트 트레이닝
- **등척성 운동**: 근육의 길이가 변화하지 않고 수축하는 운동
  - 예 벽 밀기, 코어트레이닝
- **등속성 운동**: 일정 관절 가동범위 및 속도로 최대근력을 발휘시키는 운동
  - 예 바이오덱스, 재활트레이닝

Q. 045 ③

단축성 수축과 신장성 수축에 대해 설명하시오.

- **단축성 수축**: 근육의 길이가 짧아지면서 수축하는 형태(concentric)
- **신장성 수축**: 근육의 길이가 길어지면서 수축하는 형태(excentric)

Q. 046 ③

사람의 체형 종류에 대하여 설명하시오.

외배협, 중배협, 내배협으로 분류할 수 있다.
- **외배협**: 마른형, 체지방이 적으며 근육량도 적다.
- **중배협**: 근육형, 운동하는 효과가 빠르게 나타나고 근육량이 많다.
- **내배협**: 비만형, 체지방이 많다.

Q. 047 ③

마른 체형에 알맞은 수련 프로그램에 대하여 설명하시오.

마른 체형의 경우 무산소 운동을 충분한 휴식과 더불어 실시한다.

Q. 048 ③

저항운동이 근육을 빠르게 성장시키는 이유를 설명하시오.

일정 부하 이상의 자극을 주어 효율적인 근 비대를 통하여 근섬유에 압력을 주기 때문에 근육이 빠르게 성장한다.

Q. 049 ③

돌려차기 동작을 역학적으로 설명하시오.

태권도의 돌려차기 동작은 앞으로 나가는 병진운동과 무릎 관절이 앞으로 나가면서 골반의 회전운동(각운동)을 통해 효과적인 발차기의 위력을 발휘할 수 있다.

Q. 050 ③

서킷 트레이닝(circuit training)이란 무엇인지 설명하시오.

• 서킷 트레이닝은 근력, 파워, 스피드, 근지구력, 유연성 등의 발달을 위한 다목적 트레이닝 형태로 고안되었으며 초급자에게 효과적인 트레이닝 방법이다.
• 서킷 트레이닝의 효과는 주로 근력, 근지구력, 파워 향상에 효과가 있지만, 스트레칭을 준비운동과 정리운동으로 실시하면 유연성도 향상된다.
• 서킷 트레이닝은 6~12종류의 운동을 휴식 없이 계속하는 트레이닝 방법이다. 필요한 모든 운동이 종료한 시점에서 휴식을 취하고 그것을 2~5라운드 반복함으로써 근력, 근지구력, 파워를 습득할 수 있다. 부하는 최대근력의 1/2~1/3 정도로 하고, 한 가지 운동당 30~60초 동안 실시하며, 같은 부위를 반복하지 않도록 상체와 하체를 번갈아 운동할 수 있도록 프로그램을 짜면 효과적이다.

Q. 051 02

근섬유의 종류를 설명하시오.

- **FT섬유(속근/백근)**: 단기간 폭발적인 힘을 사용할 때 사용한다.
- **ST섬유(지근/적근)**: 장기적 사용 시 이용되는 근섬유이다.

Q. 052 02

1RM(one repetition maximum)은 무엇인가?

- 1회 최대 반복 횟수를 말한다.
- RM(Repetition of Maximum)은 1회 운동할 수 있는 최대 중량의 크기를 말한다.

Q. 053 02

오버트레이닝이란 무엇인가?

과도한 운동으로 인한 신체 손상, 훈련과 회복 사이의 불균형을 뜻한다.

Q. 054 02

단축성 수축과 신장성 수축은 무엇인가?

- **단축성 수축**: 근육의 길이가 짧아지면서 수축해 힘을 내는 것을 말한다.
  - 예 바벨 들어올리기
- **신장성 수축**: 근육의 길이가 길어지는 상태에서의 근육 수축을 말한다.
  - 예 바벨 내리기

[단축성 수축]

[신장성 수축]

Q. 055 ⑬

트레이닝의 원리 중 점진부하의 원리에 대하여 설명하시오.

운동 기간 중에 운동 부하를 점차적으로 증가시키고, 동시에 트레이닝의 양도 점진적으로 늘려가며 운동의 강도, 시간, 빈도 등을 서서히 증가시키면서 신체기능을 발달시키는 원리이다.

보충

트레이닝의 원리

과부하의 원리, 점진부하의 원리, 개별성의 원리, 특이성의 원리, 반복성의 원리

과부하의 원리	일상생활 중에 받는 부하 자극보다 강한 물리적 운동 자극을 주어 신체 기관의 기능을 발달시키는 훈련의 원리
점진부하 의 원리	운동 기간 중에 운동 부하를 점차적으로 증가시키고, 동시에 트레이닝의 양도 점진적으로 늘려가며 운동의 강도, 시간, 빈도 등을 서서히 증가시키면서 신체기능을 발달시키는 원리
개별성의 원리	선수의 운동 기능이나 잠재력, 성격, 및 특성에 따라 개개인의 특성(성별, 연령, 체형, 체력, 숙련성, 심리적 특성, 컨디션 등)을 고려하여 훈련계획을 세우고 적용하는 원리 트레이닝 부하의 파상적 적용과 경기력 발달선(김창규 역, 2000)
특이성의 원리	각각의 종목과 관련하여 신체의 외적인 형태 및 기능적인 측면에서 요구하는 트레이닝을 훈련하는 원리(태권도 겨루기선수, 품새선수, 시범선수의 특성에 맞게 부위의 기능과 목적에 맞게 훈련)
반복성의 원리	운동 기술이나 전술의 습득 또는 의지력의 함양 등에 크게 적용되는 원리이며, 반복훈련을 통해 적응된 기관이나 조직의 개선 그리고 안정성의 정착은 반복성의 원리를 적용함으로써 조건반사적 운동효과를 확보할 수 있음

Q. 056 ③

트레이닝 원리의 종류에 대해 말하시오.

과부하의 원리, 점진성의 원리, 반복성의 원리, 개별성의 원리, 의식성의 원리, 특수성의 원리가 있다.

보충

- **과부하의 원리**: 일상적인 부하 이상의 자극을 가하여 운동효과를 높이는 것
- **점진성의 원리**: 운동의 양이나 강도를 점차적으로 늘려나가며 운동하는 것
- **반복성의 원리**: 일시적이 아닌 정기적으로 반복하여 운동의 효과를 높이는 것
- **개별성의 원리**: 표준화되거나 획일적인 방법이 아닌 개개인의 체력, 건강, 기호, 특수한 조건을 고려하여 트레이닝하는 것
- **의식성의 원리**: 운동의 목적이나 목표 훈련 전반에 걸친 과정을 숙지하여 운동효과를 극대화시키는 것
- **특수성의 원리**: 운동의 대사적, 기능적 특수성을 고려하여 훈련의 목적에 부합된 내용과 방법을 바르게 선택하여 트레이닝하는 것

Q. 057 ③

트레이닝 원칙 중 과부하 훈련 원칙에 대해 설명하시오.

건강 향상을 위한 매개변수(힘, 근육의 크기, 근지구력 등)를 높이는 기초는 근육을 힘들게 훈련시키는 데 있으며, 점차적으로 근육에 과중한 압력을 주어야 한다. 예를 들어 힘을 증가시키기 위해서는 항상 중량의 무게를 높이려고 노력해야 한다. 근육의 힘을 키우기 위해서는 점점 더 무거운 중량을 들어 올려야 할 뿐 아니라 세트 수나 트레이닝 횟수도 늘려야 한다. 국부적인 근육의 내구력 증가를 위해서는 점차 세트 사이의 휴식시간을 줄이거나 반복 횟수와 세트 수를 늘려야 한다. 즉, 모든 것을 점진적으로 행하는 것이 중점이다. '과부하' 개념은 모든 신체훈련의 기본이며 근간을 이루고 있다.

Q. 058 ③

단백질 중 HDL과 LDL이란?

- HDL은 고밀도지질 단백질이며, LDL은 저밀도지질 단백질을 말한다.
- **고밀도지질 단백질(HDL)**: 좋은 콜레스테롤로 등푸른 생선, 식물성 기름에 포함되어 있으며 운동을 하면 HDL을 높일 수 있다.
- **저밀도지질 단백질(LDL)**: 체내에 좋지 않은 콜레스테롤로 동맥경화를 일으키는 주된 원인이다.

Q. 059 ③

피로의 종류를 구분하고, 지연시키는 방법에 대해 설명하시오.

피로가 나타나는 방식에 따라 정신피로와 육체피로, 중추피로와 말초피로, 급성피로와 만성피로 등으로 구분되며, 그 외에 기능 저하가 심한 기관(器官)을 들어 근피로·신경피로·심장피로로 구분한다. 피로를 지연시키는 방법으로는 충분한 휴식과 영양섭취, 마사지, 유산소 운동 등이 있다.

Q. 060 ③

최대심박수란 무엇인지 설명하시오.

- 개인이 달성할 수 있는 최대 심박수의 1분간 값을 말한다.
- **최대심박수 구하는 방법**:
  220-나이=최대심박수

> 예 ① **40세 수련생의 1분당 최대심박수**: 220-40(세)
>   =180
> ② **40세 수련생이 60% 강도로 1분간 운동한 강도**:
>   ①×60%=108
>   1분간 60% 강도 맥박수: 180×60%=108

Q. 061 ⑬

체지방량이란 무엇인지 설명하시오.

체지방량은 몸속에 있는 지방의 양을 말한다.
체지방은 내장지방과 피하지방으로 나눌 수 있는데, 개인차가 크며 식이 및 운동량에 따라 달라지고 대부분 여성이 남성보다 체지방이 체중의 더 많은 부분을 차지하고 있다.

> 제지방량 = 체중 - 체지방량 = 근육량 + 소량의 무기질
> 예 몸무게가 80kg인 사람이 있는데 체지방량이 20kg이라면 제지방량은 60kg이다.

Q. 062 ⑬

운동과 사우나로 발생한 땀의 차이에 대해 설명하시오.

- **운동**: 유산소성 에너지 대사과정을 통해 체내 지방을 태운다.
- **사우나**: 몸에 열을 발생시켜 체온을 떨어뜨리기 위해 체내 수분이 빠져나간 것이므로 일시적인 체중 감소에 해당한다.

Q. 063 ⑫

태권도 수련을 하면 좋아지는 기능적 체력요인은?

태권도 수련을 통해 근력, 순발력, 민첩성, 평형성, 유연성, 지구력 등의 신체 기능이 발달한다.

Q. 064 ⑬

근육의 종류에 대하여 설명하시오.

- **골격근**: 인체의 움직임에 사용되는 근육으로 수의근이라고 하며, 신경계의 지배를 받는다.
- **평활근**: 심장근 이외의 모든 내장근, 불수의근이다.
- **심장근**: 심장의 벽을 만드는 근육으로 불수의근이다.

Q. 065 ③

호르몬의 종류에 대하여 말하시오.

- **남성 호르몬**: 테스토스테론
- **여성 호르몬**: 에스트로겐
- **스트레스 호르몬**: 코티졸

Q. 066 ③

동화작용과 이화작용에 대하여 설명하시오.

- **이화**: 큰 분자를 작은 분자로 분해하는 과정이다.
- **동화**: 작은 분자를 큰 분자로 합성하는 과정이다.

Q. 067 ③

강화(Reinforcement)의 정의와 종류에 대하여 설명하시오.

강화란 특정한 행동의 발생에 따른 결과가 행동의 증가를 가져오는 것이다. 강화의 종류로는 정적 강화와 부적 강화가 있다.

보충

강화의 종류

- **정적 강화**: 원하는 어떤 보상을 피험자에게 제시함으로써 의도한 목표 행동의 발생을 증가시키는 것이다.
- **부적 강화**: 피험자가 혐오하는 어떤 것을 제거해 줌으로써 의도한 행동을 증가시키고자 하는 것이다.

Q. 068 ③

지도자와 선수 간의 의사소통이 가져오는 긍정적인 효과에 대해 설명하시오.

선수의 장단점을 파악하고 있기에 경기상황에서 선수의 감정적, 기능적 역량을 최대치로 끌어 올릴 수 있어 시너지효과를 가져 올 수 있다.

Q. 069 ③

시합 시 선수의 긴장을 푸는 방법에 대하여 설명하시오.

- 목표적인 관점보다 과정 지향적인 관점을 부각시키고, 연습상황이라는 것을 명시한다.
- 훈련을 열심히 하였으니 자신을 믿으라는 분명한 자신감을 심어주며 안정을 취할 수 있도록 해준다. 긴장을 푸는 방법으로는 심상훈련이나 음악청취 등이 있다.

Q. 070 ②

동기유발을 위한 기법으로 목표설정이 있다. 목표설정 시 고려해야 할 2가지 사항에 대해 설명하시오.

첫째, 학습자가 성취 가능한 수준으로 설정되어야 한다.
둘째, 제시되는 목표는 명확해야 한다.

Q. 071 ②

근육이란 무엇인지 설명하시오.

우리 몸의 운동을 담당하는 기관이며, 힘살이라고도 한다. 근육은 내장근과 골격으로 나뉜다.

Q. 072 ②

체력(Physical fitness)이란 무엇
인지 설명하시오.

일상생활 및 신체활동을 할 때 우리의 몸이 적극적으로 움
직이게 하는 종합적인 신체능력을 의미한다.

보충

체력의 의미

- 사전적 의미로는 "육체적 활동을 할 수 있는 몸의 힘"이며, "질병 또는 추위, 더위와 같은 날씨에 대한 몸의 저항력"을 말한다.
- 질병에 걸리지 않거나, 생리적 기능이 정상적이며 신체를 능동적으로 조절하여 장시간 활동을 지속할 수 있는 능력이다. 일상생활을 윤택하게 영위하는 데 근원이 되는 신체적 능력을 말한다.
- 인간의 생존과 모든 활동의 기초가 되는 신체적, 정신적 능력으로 외부의 자극에 대하여 생존(생명 유지)을 위한 신체의 적응 능력을 말한다.

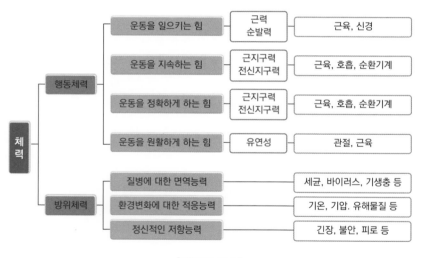

[체력의 요소]

Q. 073 02

방위체력이란 무엇인지 설명하시오.

질병과 환경의 변화를 극복하게 하는 체력을 말한다.

보충 ▶

방위체력

인간이 생활환경으로부터 생존을 영위할 때 신체 내·외적으로 물리, 화학적, 생물학적, 생리적, 정신적 자극 등과 같은 여러 가지 자극을 견디거나 이겨낼 수 있는 능력으로 행동체력에 영향을 준다.

Q. 074 02

코칭이란 무엇인지 설명하시오.

지도하는 코치와 배우는 사람이 파트너를 이루어 목표를 설정하고, 목표를 달성하기 위하여 서로가 성장할 수 있는 과정이다.

Q. 075 02

코치의 역할이란 무엇인지 설명하시오.

- 선수의 소질과 장래성을 발견해야 한다.
- 경기에 임하게 될 선수의 심리 상태를 파악해야 한다.
- 합리적이고 능률적인 트레이닝 프로그램을 준비해야 한다.
- 선수들에게 훈련의욕을 고취시켜주어야 한다.
- 선수들의 개성을 정확하게 파악하고, 이에 부합하게 지도해야 한다.
- 지도기술이 탁월해야 한다.
- 끊임없이 코칭을 연구해야 하며, 코칭의 과학에 정통해야 한다.

Q. 076 02

태권도 지도자의 역할에 대하여 설명하시오.

비전 제시, 수련생과 소통 및 관심과 표현, 도전정신과 자신감을 향상시키는 역할, 격려와 칭찬으로 태권도를 흥미 있게 배울 수 있도록 조력자 역할을 해야 한다.

Q. 077 03

태권도 수련을 통해 얻을 수 있는 심리적 효과는 무엇이 있는지 설명하시오.

① 신체 기능이 증진됨에 따라 정신건강에 긍정적인 영향을 준다.
② 정서적 안정감을 높여 준다.
③ 우울증 및 예방에 효과적이다.
④ 자기효능감이 발생한다.
⑤ 스스로 통제할 수 있는 자기통제 능력이 향상된다.
⑥ 인지능력 및 기억력이 향상된다.

Q. 078 02

태권도 수련과 사회성 발달의 관계에 대하여 설명하시오.

태권도는 주로 집단으로 교육이 수행되면서 개인적인 동작을 수련하기에 집단 내에서의 협동과 자기역할의 연습이 유소년들의 사회성을 향상시키는 데 기여한다.

Q. 079 03

태권도 수련 시 상해 발생의 주요 요인은 무엇인지 설명하시오.

기본동작의 미숙, 준비운동 및 마무리 운동의 부족, 과도한 긴장과 훈련, 안전교육의 부족, 방심 등이 있다.

태권도 상해의 원인
- 준비운동, 정리운동의 부족
- 예비지식의 부족 혹은 정해진 규칙 미준수
- 유연성 부족, 신체적 컨디션이 좋지 않을 때
- 수련자의 자기 능력 과신 및 무리한 동작을 시행했을 때
- 정신적 스트레스를 받았을 때
- 선천적으로 체격상 문제가 있거나 관절이 허약할 경우
- 시설과 장비 혹은 장소의 결함이 있을 때
- 근력의 불균형

Q. 080 ①

태권도의 3대 영역에 대하여 답하시오.

태권도의 3대 영역이란 품새, 겨루기, 격파를 말한다.

Q. 081 ③

태권도에 대하여 설명하시오.

태권도는 손과 발을 사용하여 방어와 공격에 필요한 기술을 습득하고, 동작의 아름다움을 체험하며 심신을 단련하여 인격의 완성을 추구하는 한국 전통 무예 스포츠이다.

Q. 082 ③

태권도 수련의 궁극적인 목적에 대하여 답하시오.

태권도 수련의 궁극적 목적은 기술의 습득에 있는 것이 아니라 태권도를 하는 즐거움을 경험하고, 태권도를 통해 인류사회가 요구하는 바람직한 인재를 기르는 것이다.

Q. 083 ③

태권도의 교육적 기능에 대하여 답하시오.

태권도의 교육적 기능으로는 전인교육의 기능, 전통문화 전달의 기능, 수련을 통한 조화의 기능이 있다.

Q. 084 ③

태권도 지도자의 의미에 대하여 답하시오.

수련생이 태권도를 보다 즐겁고 효율적으로 배우고, 학습을 통해 성장하는 것을 도와주는 방법을 발견할 수 있도록 교육적인 경험을 계획하여 가르치는 사람을 말한다. 태권도를 통해 신체적, 정서적, 사회적 측면에서 완성된 인간을 길러내는 데 목적이 있다.

Q. 085 ②

시범에 필요한 요인에 대하여 답하시오.

정신적, 심리적, 체력적, 기술적 요인이 요구된다.

Q. 086 ②

운동수련 시 부정적 생각을 극복하는 방법에 대해 설명하시오.

불안을 유발하는 나쁜 생각을 찾아 그 생각에 모순이 있는 것은 아닌지 따져 묻고, 논리적이지 않다면 합당한 좋은 생각으로 바꿀 수 있도록 도와주어야 한다. 또한 불안을 일으킨 근본 원인을 추적해 해결하려고 노력해야 한다.

> **보충**
>
> **불안인지 재구성 단계**
> - 부정적인 생각을 찾는다.
> - 자각한 부정적 생각을 중지한다.
> - 불안한 생각에 대해 논리적으로 반박한다.
> - 불안을 긍정적 생각으로 대처한다.

Q. 087 ③

태권도 품새에 대하여 설명하시오.

품새란 태권도 정신과 기술의 정수를 모아 심신수양과 공방원리를 직·간접으로 나타낸 행동양식이다.

Q. 088 ③

겨루기란 무엇인지 설명하시오.

태권도의 기본자세와 품새에 토대를 두어 상대방과 더불어 공방의 기술을 수련하고, 상대방과 겨루어 기술의 우열을 가리는 것이다.

Q. 089 ③

격파에 대하여 설명하시오.

손이나 발을 이용하여 단단한 물체나 사물을 깨뜨리는 것으로 격파의 종류는 위력격파와 기술격파로 나눌 수 있다. 격파를 하기 위해서는 정신력, 힘, 호흡, 속도가 필요하며 남의 것을 모방하기보다는 자기에게 맞는 특기를 계발해야 한다.

Q. 090 ③

발차기 동작을 역학적으로 설명하시오.

태권도는 역학적 운동의 대표적인 종목으로 신체운동은 병진운동, 회전운동이다. 태권도의 동작은 관절의 회전과 각속도를 중심으로 강약 및 완급을 조절할 수 있고 실제로 효과적인 발차기의 위력을 발휘할 수 있다.

Q. 091 ③

재활치료의 필요성에 대해서 설명하시오.

부상으로 인하여 신체기능이 정상적으로 움직이지 못할 때 재활치료를 통해 예전의 움직임을 되찾고 심리적, 신체적, 기능적 측면에서 안정을 찾아갈 수 있다.

Q. 092 ②

경기 겨루기 복장에 대해서 설명하시오.

- 겨루기 경기에 참가하는 선수는 공인된 도복과 보호구를 착용하여야 한다.
- **도복**: 도복 상의 끝선은 팔목, 하의 끝선은 발목을 기준으로 하며, 띠는 매듭으로부터 25cm(±5cm)이어야 한다.
- **보호구**: 통보호구, 머리보호구, 샅보대, 팔·다리보호대, 손·발등 보호대, 마우스피스 등을 착용해야 한다.

Q. 093 ③

태권도 겨루기 종목의 세계화에 대해 설명하시오.

올림픽 종목의 경우 3회 연속 종목이 채택되어야 4회부터 정식종목으로 선정된다. 태권도는 1973년 세계선수권대회 경기를 기점으로, 1988년 서울올림픽, 2000년 시드니올림픽, 2004년 아테네올림픽에서 정식종목으로 채택이 되어 2024 파리 올림픽까지 정식종목으로 유지되고 있다.

Q. 094 ③

겨루기 전술에 대하여 설명하시오.

겨루기 전술이란 경기과정에서 경기상황의 예측, 판단을 내리고 신속한 행동반응을 실행시켜 상대를 효과적으로 공략하기 위한 하나의 수단이다. 또한 상대방의 움직임에 따라 정해놓은 공격과 반격의 기술을 연습함으로써 실제 경기상황에서 보다 신속하고 정확하게 반응하기 위한 기술의 습득과정이라고 할 수 있다.

Q. 095 ㉒

반격의 형태에 대하여 설명하시오.

- 직접반격과 간접반격의 두 가지 형태가 있다.
- **직접반격**: 상대의 공격을 제자리에서 그대로 받아 차는 기술로, 같은 속도와 타이밍으로 단발공격, 복합연결공격으로 받아 차는 기술이다.
- **간접반격**: 속임 동작으로 상대방의 공격을 유도해낸 후 상대의 공격을 흘려보내고 받아 차는 기술이다.

Q. 096 ㉒

태권도 겨루기의 **직접공격의 형태**에 대하여 설명하시오.

- 직접공격은 제자리공격, 딛기에 의한 공격 두 가지 형태가 있다.
- 제자리공격은 상대와의 거리가 약 1m 간격을 두고 있을 때 제자리에서 공격하는 형태이다.
- 딛기공격은 상대와 약 1.5m 간격을 두고 맞서있을 때 앞으로 나가며 공격하는 형태이다.

> **보충**
>
> 딛기에 의한 공격은 겨루기 시 상대와의 거리가 제자리공격보다는 멀기 때문에 정확한 판단과 신속한 동작이 뒤따라야 하며 거리와 타이밍에 유의해야 한다. 또한 상대선수가 자신의 움직임을 인지하지 못한 상황에서 동작을 수행해야 효과적이다. 기술 수행 시 딛고 선 발은 자연스레 상대를 향해 미끄러지듯 끌며 움직이는 형태이다.

Q. 097 ㉒

태권도 겨루기의 **간접공격의 형태**에 대하여 설명하시오.

- 간접공격은 속임공격, 꺾어공격, 짓기공격 형태가 있다.
- **속임공격**: 공격기회를 포착하기 위해 속임동작을 취한 뒤 상대가 허점을 보였을 때 즉각 공격을 수행하는 것이다.
- **꺾어공격**: 상대의 공격을 차단 또는 공격시도를 미리 제어한 후 반격을 수행하는 것이다.
- **짓기공격**: 공방에서 상대와의 거리, 자세 등을 연관해 짓기와 연결한 공격 형태이다.

Q. 098 ③

경기 중 통제 가능한 요인과 통제 불가능한 요인을 설명하시오.

통제 가능한 것은 체력관리, 긴장풀기, 시합에 집중하기, 시합 전 루틴 실천하기 등이 있고, 통제 불가능한 것은 상대의 좋은 기술, 부상, 날씨, 심판의 오심, 지나친 실수, 대진표 등이 있다. 통제 불가능한 것에 집중하다보면 지금 해야 하는 일에 집중하지 못하기 때문에 통제 가능 여부를 구분해야 한다.

Q. 099 ③

태권도 선수들의 탈진 원인을 설명하시오.

- **인간 소외**: 본인이 정서적으로 다른 사람들과 멀어져 소외당하는 것 같은 느낌을 받을 때
- **개인의 성취감 감소**: 본인이 하는 운동에 대한 성과가 없어 만족을 하지 못할 때
- **고립**: 스스로 다른 사람들과 멀어지면서 경기나 운동을 하지 않으려는 구실로 삼을 때
- **정서적·신체적 운동 탈진**: 정서적, 신체적으로 쇠약해져 경기나 운동을 하고 싶은 마음이 없고 힘이 빠질 때

Q. 100 ③

불안이 태권도 수련에 미치는 영향에 대하여 설명하시오.

선수 개인마다 차이가 있지만 경기를 앞둔 선수는 어느 정도의 불안상태가 있다. 경기 전 적정수준의 불안상태는 몸을 가볍게 하고, 열심히 연습을 하게 하는 동기부여가 될 수 있으나, 과도한 불안상태는 마음을 움츠러들게 만들고 심한 압박감에 시달리게 한다. 선수와 코치는 불안상태를 적절히 조절하여 최상의 컨디션으로 수련에 임할 수 있도록 해야 한다.

Q. 101 ③

수면이 경기력에 미치는 영향에 대하여 설명하시오.

수면은 생리학적으로 중추신경계의 회복, 휴식상태를 제공하여 면역체계를 강화하는 주간활동을 위한 회복과정이다. 과도한 스트레스, 경기에 대한 불안은 수면장애를 유발하여 좋은 컨디션을 유지할 수 없게 되어 경기에 좋지 않은 영향을 미칠 수 있다. 따라서 선수와 코치는 경기 전 좋은 컨디션을 유지할 수 있도록 노력해야 한다.

Q. 102 ③

태권도 수련과정 중 수분섭취가 미치는 영향에 대하여 설명하시오.

과도한 탈수를 예방하고 혈중 전해질 농도를 유지하여 좋은 컨디션으로 수련과 경기를 마칠 수 있도록 도와주어야 하며, 경기 중에는 즉시 흡수할 수 있는 스포츠 음료 등이 좋다.

Q. 103 ③

겨루기 경기 전 체중감량 시 유의점에 대하여 설명하시오.

태권도는 체급별 경기로 체중감량은 경기능력이 감소되지 않게 하기 위해 평균적으로 체중의 8%를 넘지 않아야 한다. 수분섭취를 제한하지 말고 충분한 수분을 섭취하고 영양소가 결핍되지 않게 비타민 또는 무기질의 요구를 충족시켜야 하며, 적절한 선에서 체급을 정하며 강도 높은 훈련으로 칼로리 소비를 조절해야 한다.

Q. 104 ③

구획연습과 무선연습에 대해 태권도 지도의 예를 들어 설명하시오.

- **구획연습**: 학습자가 복합적인 동작을 습득할 때 동작을 나누어 각각 할당된 시간만큼 연습하는 것이다.
- **무선연습**: 학습자가 운동기술에 포함되는 하위요소들을 무작위로 연습하는 것이다.

> 예 **태권도의 사례**
> 구획연습이란 수련자가 태극 1장을 습득할 때, 단락별로 연습시키는 것이며, 무선연습의 경우 태극 1장에 나오는 기본동작을 충분히 연습시켜서 전체적으로 훈련하는 연습방법이다.

Q. 105 ③

전습법(whole method)과 분습법 (part method)에 대해 설명하시오.

훈련시간과 휴식시간의 관계에서 휴식시간을 짧게 잡고 연습하는 방법은 전습법, 훈련 사이사이에 연습을 주는 형태를 분습법이라 한다.

① **전습법**
- 학습하는 부문을 나누지 않고 전체를 함께 묶어서 계속적으로 되풀이하여 행하는 학습법이다.
- 전체의 과제를 하나의 단위로 묶어서 연습시키는 방법이다.

② **분습법**
- 학습내용의 전 계열을 완전히 습득할 때까지 반복해서 일괄 학습하는 것으로, 학습내용을 여러 부분으로 나누어 학습한 후 전체를 종합하는 방법이다.
- 그 기술을 구성하고 있는 요소들을 고려하여 몇 개의 단위로 나누어 가르치는 방법이다.

- 학습자의 지능이나 연령이 높을수록 전습법이 유리하다.
- 연습 초기에는 분습법이 유리하나 학습이 진보함에 따라 전습법이 유리해진다.
- 집중적 학습법에는 분습법이 유리하고, 분산적인 학습법에는 전습법이 유리하다.
- 학습내용이 의미 있는 재료로 되어 있는 것은 전습법이, 무의미한 재료의 기계적 암기에는 분습법이 유리하다.

Q. 106 ②

효율적인 피드백의 방법을 설명하시오.

- **정보기능**: 올바르지 못한 반응의 실수를 수정할 수 있도록 정보를 제공한다.
- **강화기능**: 칭찬(긍정강화)과 지적(부정강화)을 통한 운동 기능을 향상시킨다.
- **동기유발기능**: 행동의 원동력, 정서적 흥분, 목표의 선택과 결과에 적용한다.

Q. 107 ③

태권도 심상훈련이란 무엇인지 설명하시오.

최상의 경기력을 발휘할 수 있도록 선수들에게 자기 조절적인 기술을 습득하도록 내면에 존재하는 생각과 감정의 조절을 통해 스포츠 상황에서 겪는 스트레스를 극복하고, 경기력을 극대화하는 데 필요한 모든 정신적인 전략과 기법인 심리기술을 최상으로 만드는 데 도움을 주는 훈련 프로그램이다.

Q. 108 ③

태권도 3급 사범이 갖추어야 할 역량은 무엇인지 설명하시오.

지도자의 교양과 재능을 갖추고 타인에게 태권도를 지도할 수 있는 역량이 필요하다.

국기원이 요구하는 각 급별 사범이 갖추어야 할 역량
- **3급 사범**: 지도자의 교양과 재능을 갖추고 타인에게 태권도를 지도할 수 있다.
- **2급 사범**: 태권도의 전문적 능력을 갖추고 도장을 경영할 수 있다.
- **1급 사범**: 태권도를 통한 지역사회봉사와 협력을 통해 공할 수 있는 역량을 갖추어야 한다.

Q. 109 ③

태권도 수련 중 오버트레이닝(Over training)의 해결책은 무엇인지 설명하시오.

- 심한 피로 시에는 한 차례 트레이닝을 중지하고 휴식한다.
- 피로가 중 정도일 경우는 트레이닝의 질과 양을 바꾼다.
- 피로가 경도일 경우에는 질은 그대로 두고 양을 줄인다.
- 일반적으로는 트레이닝은 지칠 때까지 계속한다.

Q. 110 ③

수련생들의 유연성 운동이 중요한 이유와 실천방법에 대해서 설명하시오.

연령과 함께 관절의 가동성이 감소하고, 유연성이 감소되면 낙상과 관절손상의 위험이 커지기 때문에 유연성 운동이 중요하다. 유연성 운동으로는 스트레칭이 가장 좋으며 꾸준히 일상생활에서 실천할 수 있도록 해야 한다.

Q. 111 ②

태권도 심사 규정에서 제6조 제1항의 심사위원 중 감독관의 역할은 무엇인지 설명하시오.

심사시행 현장에서 심사 규정, 규칙 준수 권고, 심사질서 유지, 부정행위예방 및 적발 등 심사시행을 관리, 감독하고 심사시행 실태를 평가한다.

Q. 112 ①

유급자의 단급 체계에 대해 설명하시오.

무급(無級) 또는 10급에서 시작하며 9급~1급으로 구분한다.

Q. 113 ②

태권도 심사 규정에서 저단자 심사 평가란?

저단자 심사평가란 5단 이하의 승품(단) 응시자를 평가하는 것을 뜻한다.

Q. 114 ②

태권도 심사 규정 제6조 제1항의 심사위원 중 감독관의 자격이 무엇인지 설명하시오.

• 태권도 9단 이상, 태권도 승품(단) 심사위원 자격 1급 이상, 심사평가위원 활동경력 5년 이상인 자를 말한다.
• 단, 국기원장이 필요하다고 판단하는 경우 심사평가위원 활동경력 7년 이상자에 한하여 태권도 8단 이상, 태권도 승품(단) 심사위원 자격 2급 이상자로 할 수 있다.

Q. 115 ②

태권도 심사 규정 제10조 제2항에서 국기원 심사에 응시할 수 없는 자는?

징계를 받고 그 징계기간이 경과되지 아니한 자, 임신부, 부상자, 중증질환자, 전염성 질환자, 태권도 심사 규정 제5조 제1항 각 호에 적합하지 아니한 자

보충

위에 해당하는 자가 응시결격사유를 숨기고 심사에 응시하거나, 심사에 합격하여도 향후에 발각 즉시 해당 품(단)의 자격은 자동 취소된다.

Q. 116 ②

태권도 심사 규정에서 표준심사과목이 무엇인지 설명하시오.

표준심사과목은 실기, 이론, 면접으로 구성되어 있다.

Q.117 ②

태권도지도 시 대상에 따라 반드시 고려해야 할 운동 프로그램의 4가지 요소에 대해 말해 보시오.

① 운동의 종류
② 빈도
③ 시간
④ 강도

Q.118 ②

태권도 프로그램의 지도를 위한 환경조성 방법에 대하여 설명하시오.

안전한 운동프로그램의 지도를 위한 환경조성 방법
① (놀이)기구의 안전점검
② 공인된 안전기구 및 시설 이용
③ 쾌적하고 깨끗한 실내외 환경조성
④ 부상을 방지할 수 있는 매트 활용
⑤ 신체발달을 고려한 시설 및 용기구 배치 등

Q. 119 ③

태권도 선수의 목표설정 지도 원리를 설명하시오.

- 선수가 직접 측정할 수 있고, 실제 행동에 옮길 수 있는 구체적인 목표를 설정한다.
- 선수가 실제 감당할 수 있는 목표를 설정한다.
- 장기 목표와 함께 단기적 목표들을 반드시 함께 설정한다.
- 남과의 비교보다는 자신의 수행 향상에 관한 목표를 설정한다.
- 선수의 목표에는 수행이나 기록에 관한 목표 외에 행동 등에 관한 목표를 함께 수립한다.
- 목표를 달성할 수 있는 구체적인 전략을 명시한다.
- 한꺼번에 너무 많은 목표를 세우는 것을 지양한다.
- 선수가 목표를 자발적으로 수용하도록 해야 한다.
- 목표가 현실적으로 달성 불가능하다고 판단될 때에는 적극적으로 수정하게 한다.

Q. 120 ③

태권도 선수들의 스트레스 대처가 경기에 미치는 영향에 대해 설명하시오.

태권도 선수에게 스트레스 반응은 몸과 마음 상태를 평상시와 다르게 만든다. 또한 시합에 집중하는 것을 방해함으로써 경기력에 악영향을 미친다. 스트레스반응에 대처하는 능력이 없다면 실수 연발, 몸의 이상반응, 감정조절의 어려움을 겪게 된다. 결국 제 실력을 발휘하지 못하게 되기 때문에 스트레스를 받지 않도록 멘탈 관리 및 스트레스의 원인을 찾아 해결하려고 노력해야 한다.

Q. 121 ③

태권도 지도 원리에 대해 설명하시오(2~3가지 이상).

태권도 지도 시 의식성, 자발성, 개별화, 사회화, 전면성, 연속성, 흥미성, 창의성, 평가의 원리를 중심으로 지도한다.

태권도 지도 원리

의식성의 원리	지도자는 지도과정에서 의식적으로 설정된 지도 목표를 실현하려고 노력해야 함을 강조하는 원리이다.
자발성의 원리	지도는 수련자의 자발성을 기초로 이루어져야 한다는 원리이다.
개별화의 원리	태권도 지도는 지도 대상의 성별, 연령, 건강상태, 체력수준, 심리 특성 등 개인적 차이를 충분히 고려하여 이루어져야 한다는 원리이다.
사회화의 원리	지도 시 수련생의 학습 능률을 높이기 위해 사회적 상황(집단 내에서의 경쟁관계 등)을 활용하는 원리이다.
전면성의 원리	지도는 수련자의 특정 자질만을 지향하는 것이 아니라 전인적 자질, 즉 지덕체의 조화로운 발달을 지향하는 것이야 한다는 원리이다.
연속성의 원리	수련효과를 높이기 위해서는 일정 순서에 따라 점진적으로 지도해야 한다는 원리이다.
흥미성의 원리	학습자의 학습 의욕을 고취시키기 위해서는 학습자의 흥미를 고려하여 지도해야 한다는 원리이다.
창의성의 원리	학습효과를 높이기 위해서는 학습자의 창의성을 존중해야 한다는 원리이다.
평가의 원리	학습자로 하여금 자신의 학습 성과를 스스로 평가하게 함으로써 학습 의욕과 능률을 향상시킬 수 있다는 원리이다.

Q. 122 03

태권도 정신의 필요성에 대해 설명하시오.

① 태권도 공인정신론 요청에 부응
② 태권도의 무도적 가치관의 확립
③ 심도 있는 태권도교육의 기초근거 제공
④ 이상적 태권도인상의 창출

Q. 123 ③

태권도 지도에서 구령 시 유의할 사항을 2가지 이상 설명하시오.

① 구령, 기합 시에 하복부에 힘을 넣어 힘차게 한다.
② 명확하고 모든 수련생에게 잘 들리도록 해야 한다.
③ 예령과 동령 사이에 약간 간격을 두고 동작이 일제히 시작되게 한다.
④ 장소와 인원에 따라 음성의 고저, 장단, 강약을 조절한다.
⑤ 필요 이상으로 큰 소리를 내어 지나친 위화감이 조성되지 않게 한다.
⑥ 수련자들에게도 구령 연습을 시킨다.

Q. 124 ②

태권도 수련 및 대회출전 시 상해를 입히는 원인에 대해 아는 대로 설명하시오.

① 기술동작의 미숙
② 충분한 준비운동의 결여
③ 과도한 긴장
④ 과도한 훈련 및 피로
⑤ 안전교육의 부족

Q. 125 ③

태권도 프로그램 설계 시 고령자를 위한 태권도 프로그램의 주의사항은?

• 태권도 수련자 중 고단자는 나이가 많은 장년층과 노년층이 대부분이다. 또한, 고령자에게 태권도를 지도하기 위해서는 고령자의 신체조건에 알맞게 수련프로그램을 구성해야 한다.
• 구체적으로 에너지 소비가 심하지 않게, 즐겁고 소외감을 해소하기 위한 단체활동 중심으로 내용을 구성하고, 유희성과 흥미도를 높여 규칙적인 운동을 지속하여 노화 방지와 건강한 삶을 영위할 수 있도록 구성하여야 한다.

고령자 태권도 프로그램 구성 원칙

• 에너지 소비가 많은 수련은 가급적 피하고, 단체 활동을 위주로 하는 내용으로 구성하는 것이 좋다. 이러한 활동을 통하여 노인은 집단 속에서 행동하는 즐거움을 맛볼 수 있고 소외감을 해소시킬 수 있기 때문이다.

• 시간과 장소에 구애받지 않고 유희성과 흥미도가 높아 규칙적으로 참여할 수 있으며, 신체기관의 기능을 정상적으로 유지시켜 노화방지에 도움이 되는 프로그램을 적극적으로 활용해야 한다.

• 노인의 대부분은 실내에서 시간을 보내는 경우가 많으므로 야외에서 자연과 호흡하며 즐길 수 있는 프로그램을 개발하여야 한다.

• 노인층은 급격히 근력이 쇠퇴해가는 시기이므로 의도적으로 근력을 강화할 수 있는 종목을 규칙적으로 지속할 필요가 있다.

Q.126 ⑬

현대사회에서 요구하는 새로운 태권도 5대 정신은?

현대사회에서 요구하는 태권도의 정신은 널리 세상을 이롭게 하는 홍익인간의 사상을 기본으로, 수련과정에서 체득되는 인내와 용기, 사회활동에서 요구되는 예의와 공평무사를 담고 있다.

현대 태권도 5대 정신

• 사회의 이념적 사상을 기반으로 한 태권도 정신

→ 홍익인간

• 태권도 수련과정을 통해서 체득한 태권도 정신

→ 인내, 용기

• 실천덕목을 강조한 태권도 정신

→ 예의, 공평무사

Q. 127 03

품새의 의의에 대해 설명하시오.

공격과 방어의 기술을 규정된 형식(틀)에 맞추어 스스로 지속적인 수련을 할 수 있도록 이어 놓은 동작이다.

> **보충**
>
> **품새의 실질적인 역할**
> - 기초 겨루기 기술 및 응용 능력 배양
> - 인품과 근력, 지구력, 평형성, 민첩성, 순발력, 유연성을 향상
> - 품새선에 따라 공방의 동작을 수련하고, 그 동작은 조화로워야 함

Q. 128 03

태권도 수련의 효과에 대해 설명하시오.

- **신체적 효과**: 근력, 지구력, 균형감각, 민첩성, 유연성, 순발력 등 운동기능 발달
- **정신적 효과**: 평상심, 집중력, 암기력, 자신감의 증가
- **호신적 효과**: 심상과 숙련에 의한 자기방어 능력 향상
- **사회성 효과**: 대인관계, 소통, 사회성 함양에 영향을 줌

Q. 129 03

태권도 품새 수련의 목적에 대해 설명하시오.

정신수양, 체육기능(건강, 양생) 향상, 격투기적 기능 배양

> **보충**
>
> **태권도 품새 수련 목적**
> - **정신수양**: 올바른 가치관을 함양하고, 인격을 향상시킴
> - **체육(건강, 양생)기능 향상**: 품새 수련은 몸에 쌓인 노폐물을 몸 밖으로 내보내고, 체형의 조율과 조정으로 치우침이 없이 고루 발달하게 하여 균형 잡힌 몸매를 갖게 하며 생리학적으로 대뇌 활동의 활성화와 장기 기능의 균형발달을 가져옴
> - **격투기 기능 배양**: 근력, 지구력, 민첩성, 순발력, 평형성, 유연성과 함께 공격과 방어 동작의 운용 방법, 시선을 통해 거리조절과 판단력 등이 생기고, 호흡으로 신체의 안정성을 키워 겨루기를 할 수 있는 기능을 배양함

Q. 130 ②

태권도란 무엇인지 설명하시오.

맨손으로 수련하는 한국 고유의 전통 무예 스포츠

보충

아무런 무기 없이 손과 발을 사용하여 상대방을 공격하거나 상대방의 공격을 방어하는 기술을 익히는 한국 무예 스포츠이다. 수련자가 예절과 덕성을 기르며, 기본 수양을 함양하고 강인한 신체 능력을 갖추기 위해 수행하는 운동이다.

Q. 131 ②

태권도 기본동작이란 무엇인지 설명하시오.

태권도에서 다른 기술의 바탕이 되는 최소단위의 기술을 말한다.

보충

태권도의 기본이 되는 주요 기술로서 필요에 따라 다양하게 응용하여 사용한다. 태권도의 모든 기술은 기본동작을 토대로 이루어지며, 기본동작을 응용하고 조합하여 품새, 겨루기, 격파 등의 영역에 활용된다.

Q. 132 ②

호신술이란 무엇인지 설명하시오.

태권도 기술로 몸을 보호하기 위한 수련방법 및 기술을 말한다.

보충

태권도의 기술을 활용하여 위협적인 상대방에게 대응할 수 있는 능력을 기르기 위한 수련방법이다. 다양한 위기 상황에서 가장 합리적인 방법으로 상대방을 제압하고 자기의 몸을 보호할 수 있는 능력을 기른다.

Q. 133 02
태권체조란 무엇이지 설명하시오.

다양한 음악과 리듬에 맞춘 태권도 동작을 구성하여 건강과 체력을 증진하는 태권도 프로그램이다. 리드미컬한 움직임을 혼합하여 표현력 있는 신체와 운동능력을 즐겁게 향상시키는 태권도 수련방법 중 하나이다.

Q. 134 03
태권도 시범이란?

태권도를 다른 사람에게 보여주는 일체의 행위를 뜻한다.

보충

태권도 기술을 바탕으로 품새, 겨루기, 격파 등을 다른 사람에게 보여주는 일체의 행위를 의미한다. 즉, 태권도가 무엇인지 알려주거나 수련자가 자신의 기량을 뽐내기 위한 목적 등에 따라 창의적으로 구성할 수 있다.

Q. 135 03
자유품새란 무엇인지 설명하시오.

태권도의 기술을 바탕으로 안무와 음악과 함께 어우러진 품새이다. 국기원에서 시행하는 창작품새와 다르게 자유품새는 태권도 품새를 기본으로 하여 태권도의 기술적 한계에 도전하는 대한태권도협회의 경기종목의 하나로 스포츠적 요소를 가미한 품새이다.

Q.136 ③

격파경기장에 대해 설명하시오.

① 격파는 기술격파와 위력격파가 있는데, 기술격파 경기장은 12m×12m, 높이차기 3m×10m, 연속차기 3m×3m, 위력격파 손기술 경기장 3m×2m(5조), 발 위력격파 기술장 3m×5m 넓이로 사용한다.
② **매트**: 매트의 탄력성, 강도, 재질, 색상 등 적합성은 대한민국태권도협회에서 승인된 공인 매트를 사용해야 한다(두께 4cm 이상)
③ **색상**: 색상은 반사가 심하지 않고 경기장 내 선수와 관중에게 시각적 피로감을 주지 않는 종류로서, 경기자의 도복을 비롯한 경기지역 내 제한 색상의 배색을 고려되어야 한다.

보충

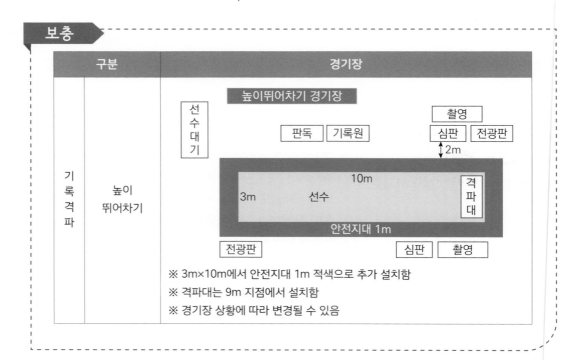

구분		경기장

기록격파 / 높이뛰어차기

높이뛰어차기 경기장

선수대기 / 판독 / 기록원 / 촬영 / 심판 / 전광판 / 2m

10m
3m 선수 격파대

안전지대 1m

전광판 / 심판 / 촬영

※ 3m×10m에서 안전지대 1m 적색으로 추가 설치함
※ 격파대는 9m 지점에서 설치함
※ 경기장 상황에 따라 변경될 수 있음

구분		경기장
기록격파	제자리연속 뒤 후려차기 제자리 연속 돌개차기	**연속차기 경기장** 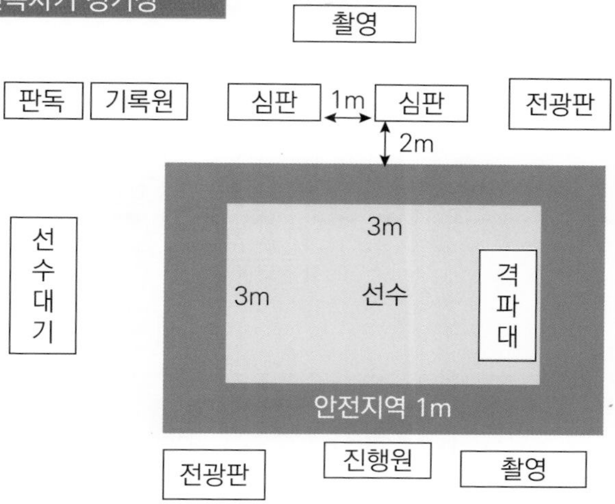 촬영 판독 기록원 심판 1m 심판 전광판 2m 선수대기 3m 3m 선수 격파대 안전지역 1m 전광판 진행원 촬영 ※ 격파대는 3m 지점에 설치함 ※ 3×3m에서 안전지대 1m 적색으로 추가 설치함 ※ 경기장 상황에 따라 변경될 수 있음
기술격파		**기술격파 경기장** 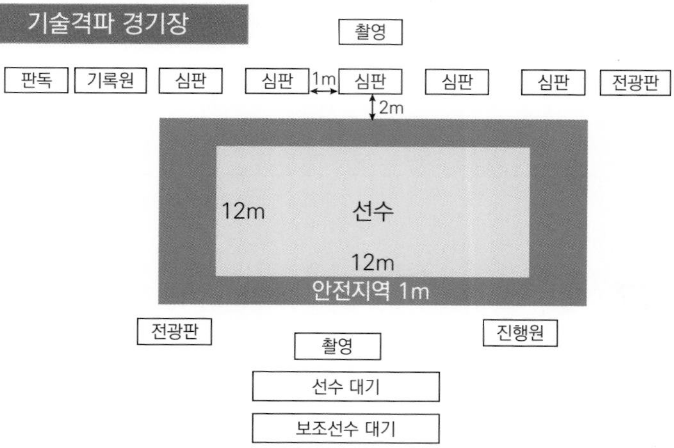 촬영 판독 기록원 심판 심판 1m 심판 심판 심판 전광판 2m 12m 선수 12m 안전지역 1m 전광판 촬영 진행원 선수 대기 보조선수 대기 ※ 격파대는 3m 지점에 설치함 ※ 3×3m에서 안전지대 1m 적색으로 추가 설치함 ※ 경기장 상황에 따라 변경될 수 있음

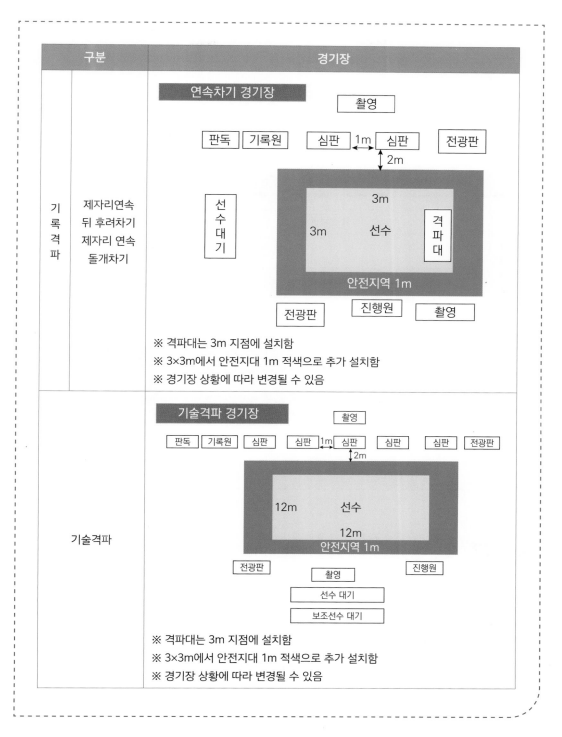

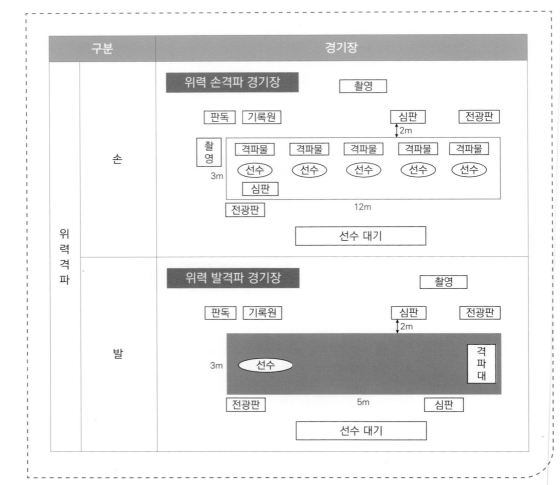

구분		경기장
위력격파	손	위력 손격파 경기장
	발	위력 발격파 경기장

Q. 137 ⁰³

격파 경기의 종목을 나열해보시오.

기록격파, 기술격파 개인전·단체전, 위력격파종목이 있다.

▶ 보충

격파 경기 종목

- **기록격파**: 높이 뛰어 격파, 연속 돌개차기 격파, 연속 뒤후리기 격파
- **기술격파 개인전**: 체공 도약 격파, 수직축 회전 격파, 수평축 회전 격파, 종합격파
- **위력격파**: 손 격파, 발 격파

Q. 138 ③

기록격파의 경기시간에 대해 설명하시오.

20초로 격파 종료시간은 최종 양발 착지 시점까지 한다.

격파 경기 시간

종목	세부종목	제한시간
기록격파	높이 뛰어 격파, 연속 돌개차기 격파, 연속 뒤후리기 격파	20초
기술격파	체공도약, 수직축회전, 수평축회전	40초
	종합격파	60초
	대학부 단체전	5분±10초
위력격파	손 위력, 발 위력	20초 (격파물 준비시간 60초)

Q. 139 ③

다음 중 기술격파의 채점 배점에서 체공도약 격파의 채점 배점에 대해 설명하시오.

완성도(5.0), 표현성(5.0)으로 배점하여 채점한다.

- **체공도약, 수직축회전격파, 수평축회전격파**: 완성도(5.0), 표현성(5.0)
- **종합격파**: 완성도(40.0), 표현성(40.0), 난이도(20.0)
- **대학부 단체전**: 단체연무(20.0), 호신술(20.0), 격파(50.0), 구성(10.0)

Q. 140 ③

태권도공연이란 무엇인지 설명하
시오.

태권도를 매개로 한 다양한 장르로 융·복합화 한 무대공
연을 의미하며, 스토리를 통해 관중과 공감을 형성하고
소통함으로써 메시지를 전달하는 문화예술로서의 공연예
술문화 형태를 말한다.

보충

태권도공연물

출처 – 뮤지컬 <점프>, 태권도 공연 <탈>

CHAPTER
02
유소년 스포츠지도사 이해능력

Q.001 ①

유소년 스포츠지도사에 대하여 설명하시오.

유소년 스포츠지도사란 유소년의 행동 양식, 신체발달 등에 대한 지식을 갖추고 해당 자격종목에 대하여 유소년을 대상으로 체육을 지도하는 사람을 말한다.

Q.002 ①

유소년의 개념에 대하여 설명하시오.

유소년이란 만 3세부터 중학교 취학 전까지 연령을 뜻한다.

Q.003 ②

태권도 수련이 유소년의 두뇌발달에 미치는 영향에 대해 설명하시오.

태권도 수련을 함으로써 성장기 유소년의 대근육과 소근육 발달을 촉진시키고, 협응력을 길러 줌으로써 신체조정 능력을 향상시켜 결과적으로 두뇌발달에 긍정적 영향을 미친다.

Q. 004 ③

유소년 태권도 수련과 또래관계 및 사회성의 변화에 대해 설명하시오.

태권도 프로그램은 성장기 유소년들의 또래관계 및 사회성 발달에 긍정적 영향을 준다. 또래관계에 있어서 자신감과 리더십, 협동심으로 적극적인 또래활동을 도와준다. 또한 사회구성원으로서 준법정신과 규칙을 잘 지키며, 친화력, 협동심을 향상시킬 수 있는 간접적 경험을 한다. 이러한 경험들은 다양한 태권도 프로그램 속에 녹아 있어 사회성 발달에 긍정적 영향을 준다.

Q. 005 ③

태권도 지도자 3급의 연수목적에 대해 설명하시오.

- **3급**: 태권도기술의 기본원리와 이론을 습득하고 태권도를 바르게 지도할 수 있는 교양 있는 사범 양성이 목적이다.
- **2급**: 태권도기술과 이론에 대한 전문성과 도장운영 능력을 갖추고 태권도를 보다 전문적으로 지도할 수 있는 유능한 사범 양성이 목적이다.
- **1급**: 태권도기술과 이론을 연구하는 능력을 갖추고 태권도발전을 선도할 뿐만 아니라 지역사회의 발전에 기여할 수 있는 헌신적인 사범 양성이 목적이다.

Q. 006 ③

응급처치의 목적과 필요성에 대해 설명하시오.

- **목적**: 수련생의 부상 정도가 약화되지 않도록 1차적인 도움을 주어 전문 의료기관에서의 치료를 도움
- **필요성**: 위급한 상황에 처한 사람이 소생될 수 있는 가능성을 높이는 과학적이고 즉각적인 조치이므로 필요함

Q. 007 ②

아동기의 신체발달에 대하여 설명하시오.

아동기에는 신체부위 간의 협응력 및 운동기능 간의 협응력, 대근육과 소근육 등을 동시에 활용한 전신운동이 가능하며, 구기운동을 즐기며 기타 스포츠활동도 가능하다. 운동신경과 운동기술의 현저한 발달이 이루어지고 운동능력의 개인차가 뚜렷해진다.

Q. 008 02

아동교육학에서 피아제의 인지 발달 4단계를 설명하시오.

감각운동기 → 전 조작기 → 구체적 조작기 → 형식적 조작기

Q. 009 03

유소년기 체육활동의 중요성을 설명하시오.

신체발육 촉진, 운동기능 향상, 안전능력 향상, 사회성 발달, 지적 능력 발달, 정서발달

Q. 010 03

유소년의 태권도수련이 정서에 미치는 영향에 대하여 설명하시오.

개인정서 조절 능력, 대인관계 형성 능력, 학교적응 능력, 친사회적 행동에 긍정적으로 영향을 미친다.

Q. 001 ③

건강이란 무엇인지 설명하시오.

세계보건기구에서 정의하는 건강이란 질병이나 불구가 없을 뿐 아니라 신체적, 정신적, 사회적으로 완전히 안정된 상태를 말한다.

Q. 002 ③

건강에 영향을 미치는 요인은 무엇이 있는가?

유전적, 요인, 환경적 요인, 식생활 습관요인으로 구분할 수 있다.

Q. 003 ②

현재 노인이 겪고 있는 문제는 무엇이 있는가?

삼고
빈고(貧苦), 병고(病苦), 고독고(孤獨苦)

Q. 004 ③

사회학적 이론에서 노인의 정의는 무엇인지 설명하시오.

노화가 진행되면서 신체적, 인지적, 심리적, 사회적 측면에서 능력과 기능이 저하되어 개인의 자기 유지 기능과 사회적 역할 기능이 약화되고 있는 자로 만 65세 이상인 자를 말한다.

보충

사회학적 이론에서 '노인' 구분

노인 구분	세부내용
역연령 (chronological age)	생물학적 나이 • 국민연금법: 만 60세 이상인 자 • 노인복지법: 국민기초생활보장법 • 만 65세 이상인 자
사회적 연령 (social age)	특정 연령에게 적합한 것으로 간주되는 사회적 태도와 행동을 의미하는 것으로 고용에서의 연령차별(예 만 60세에 퇴직, 만 65세에 퇴직)
육체적 연령 (physical age)	의학적 구성물로서 육체적 변화의 속도와 시기 사회구조 내의 위치, 특히 성별과 계급에 따라 다르다.
※ 실제 노인이라 생각하게 된 계기는 신체적인 노화와 함께, 은퇴와 같은 사회적인 요인도 작용한다.	

Q. 005 ②

고령화의 요인은 무엇인지 설명하시오.

과학의 발달로 평균수명의 연장, 유년인구의 감소

Q. 006 ③

노인의 특성에 대해 설명하시오.

힘든 활동을 할 수 없다. 쉽게 감염된다. 피로나 상처에 대한 회복력이 저하된다. 주위환경에 대한 적응력이 저하된다.

Q. 007 ③

노인학에서 '성공적인 노화'란 무엇인지 설명하시오.

성공적인 노화란 건강하고 자신의 삶에 만족하며 높은 수준의 신체적, 정신적 건강을 유지하며, 활기찬 사회관계와 생산적인 활동에 적극적으로 참여하는 것을 말한다.

보충

노년기를 보는 이론적 시각과 정책적 함의

이론적 시각	기본 가치	중심 주제	초점	특징	정책적 함의
성공적인 노화	• 건강 • 생존자	• 삶의 만족 • 성공	• 개인 • 향성성	사생활 중심주의	건강 증진
생산적 노화	• 성취 • 근로자	• 중년기 이후 나타나는 후진양성 욕구 • 생산성	• 경제 • 효율성	바쁨의 윤리	근로기간의 연장
급진 노년화	• 사회정의 • 시민	• 다양성 • 저항	• 정치 • 형평성	정치적 올바름	급진적 정치
의식적 노화	• 생애발전 • 영적 추구	자아실현	• 개인 • 자아실현	새로운 연령철학	삶을 관조하는 명상

자료: H. R. Moody, "Productive Aging and the ideology of the Old age", in Productive Aging, 2001. (정경희 외. 노인문화의 현황과 정책적 함의. 한국보건사회연구인. 2006에서 재인용)

Q. 008 ③

노인복지법의 목적이 무엇인지 설명하시오.

노인의 질환을 사전예방 또는 조기발견하고 질환상태에 따른 적절한 치료·요양으로 심신의 건강을 유지하고 노후의 생활안정을 위하여 필요한 조치를 강구함으로써 노인의 보건복지증진에 기여함을 목적으로 한다.

Q. 009 ③

노인복지법에서 노인의 기본이념이 무엇인지 설명하시오.

① 노인은 후손의 양육과 국가 및 사회의 발전에 기여하여 온 자로서 존경받으며 건전하고 안정된 생활을 보장받는다.
② 노인은 그 능력에 따라 적당한 일에 종사하고 사회적 활동에 참여할 기회를 보장받는다.
③ 노인은 노령에 따르는 심신의 변화를 자각하여 항상 심신의 건강을 유지하고 그 지식과 경험을 활용하여 사회의 발전에 기여하도록 노력하여야 한다.

Q. 010 ③

노인의 운동지도 시 주의할 점에 대해 설명하시오.

• 운동은 충분한 준비운동과 함께 실시
• 준비운동과 정리운동은 반드시 실시
• 격렬한 운동 금지
• 부상에 유의할 것
• 운동 전, 후 충분한 수분 공급
• 충분한 휴식과 영양 공급

Q. 011 ③

당뇨병이란 무엇인지 설명하시오.

당뇨병이란 췌장에서 분비되는 인슐린이 부족하거나 제대로 작용하지 못하여 혈액 속의 혈당이 에너지로 이용되지 않고 혈액 속에 쌓여 고혈당을 유발하고, 소변으로 당이 배설되며, 그로 인해 눈, 콩팥(신장), 신경 및 혈관에 여러 가지 합병증을 유발하는 질병을 말한다.

Q. 012 ③

당뇨병이 있는 노인을 지도할 때 주의할 사항은 무엇이 있는지 설명하시오.

- 너무 춥거나 더울 때는 운동을 하지 않는다.
- 탈수가 되지 않도록 충분한 수분을 공급한다.
- 편안하고 발에 잘 맞는 신발을 신고 보호장비를 갖춘다.
- 운동 후 발 상태를 항상 점검한다.
- 혈당조절이 제대로 되지 않을 때는 운동을 하지 않는다.
- 외딴 곳에서 혼자 운동하지 말고 사람이 많고 동반자가 있는 상황에서 운동한다.

보충

당뇨인을 위한 운동지침

운동유형	• **유산소 운동**: 걷기, 뛰기, 자전거 타기, 계단 오르기, 크로스컨트리, 스키 등 • **저항성운동(중 정도의 운동강도)**: 가벼운 중량을 이용하여 1~15회 반복하는 정도의 서킷 프로그램
운동강도	최대심박수의 40~60%(주관적 운동강도 11~13)
지속시간	5~10분 준비운동, 20~60분 본 운동, 5~10분 정리운동
운동빈도	3~5회/주, 인슐린 투여의 경우 매일 운동해야 한다.

Q. 013 ③

고혈압이란 무엇인지 설명하시오.

혈압이란 혈액이 혈관 벽에 가하는 힘을 말한다. 고혈압은 18세 이상의 성인에게 수축기 혈압이 140mmHg 이상이거나 확장기 혈압이 90mmHg 이상인 경우에 해당한다.

Q. 014 03

고혈압을 갖고 있는 노인의 운동 시 유의사항을 설명하시오.

- 혈압을 상승시킬 수 있는 위험한 운동을 삼간다.
- 숨을 참아가며 갑자기 힘을 쓰는 무산소 운동(고강도 근력운동)은 오히려 혈압을 상승시키므로 위험할 수 있다.
- 중량 운동 시에는 무거운 것을 피하고 가벼운 무게를 여러 번 반복하는 것이 좋다.
- 혈압이 높으면 혈압강하제를 복용(약물치료)하여 혈압을 하강시킨 후에 운동을 실시하는 것이 좋다.
- 추운 곳에서 운동을 하면 갑자기 혈압을 상승시킬 수 있으므로 겨울철에는 밤이나 새벽에 운동하는 것을 피해야 한다.

Q. 015 02

저단자 및 유급자 노년층의 태권도 수련을 통해 얻을 수 있는 심리적 효과에 대해 2가지 이상 말하시오.

- 신체 기능이 증진됨에 따라 정신건강에 긍정적인 영향
- 정서적 안정감을 높임
- 치매, 우울증 등 노인성 질환 예방효과
- 자기효능감이 발생
- 스스로 통제하는 자기통제 능력 향상
- 인지능력 및 기억력 향상

CHAPTER 04
장애인 스포츠지도사 이해능력

Q. 001 ①
장애인의 개념에 대하여 설명하시오.

우리나라의 법률상 장애인의 규정은 장애인복지법 제2조에 명시되어 있다. 동법에 의하면 장애인이라 함은 시각장애, 청각장애, 언어장애 또는 지적장애 등 정신적 결함으로 인하여 장기간에 걸쳐 일상생활 또는 사회생활에 상당한 제약을 받는 자를 말한다.

Q. 002 ③
장애인복지법이란 무엇인지 설명하시오.

장애인의 인간다운 삶과 권리보장과 관련된 대한민국의 법으로 장애인 복지에 관해 필요한 사항을 정하고 있다.

Q. 003 ③
장애인복지법 시행령에서 규정하는 장애의 종류에 대해 설명하시오.

총 15가지의 장애의 종류가 있다.
지체장애, 뇌병변장애, 시각장애, 청각장애, 언어장애, 안면장애, 신장장애, 심장장애, 호흡기장애, 간장애, 장루·요루 장애, 뇌전증장애, 지적장애, 자폐성장애, 정신장애로 구분한다.

장애유형(장애인복지법 시행령)

신체적 장애	외부 신체 기능의 장애	지체장애	절단장애, 관절장애, 지체기능 장애, 변형 등의 장애
		뇌병변장애	중추신경의 손상으로 인한 복합적인 장애
		시각장애	시력장애, 시야결손장애
		청각장애	청력장애, 평형기능장애
		언어장애	언어장애, 음성장애, 구어장애
		안면장애	안면부의 추상, 함몰, 비후 등 변형으로 인한 장애
	내부기관의 장애	신장장애	투석치료 중이거나 신장을 이식받는 경우
		심장장애	일상생활이 현저히 제한되는 심장기능 이상
		간장애	일상생활이 현저히 제한되는 만성·중증의 간기능 이상
		호흡기장애	일상생활이 현저히 제한되는 만성·중증의 호흡기기능 이상
		장루장애	일상생활이 현저히 제한되는 장루, 요루
		뇌전증장애	일상생활이 현저히 제한되는 만성·중증의 뇌전증
정신적 장애	지적장애		지능지수가 70 이하인 경우
	정신장애		정신분열병, 분열형정동장애, 양극성정동장애, 반복성우울장애
	자폐성장애		소아자폐등 자폐성 장애

Q. 004 ②

장애인복지법에서 규정하는 신체적 장애 중 외부 신체 기능의 장애의 종류를 말하시오.

지체장애, 뇌병변장애, 시각장애, 청각장애, 언어장애, 안면장애

Q. 005 02

장애인복지법에서 규정하는 신체적 장애 중 내부 신체 기능의 장애의 종류를 말하시오.

신장장애, 심장장애, 호흡기장애, 간장애, 장루·요루 장애, 뇌전증장애

Q. 006 02

장애인복지법에서 규정하는 정신적 장애의 종류를 말하시오.

지적장애, 자폐성장애, 정신장애

Q. 007 03

장애인복지법에서 규정하는 지체장애에 대해 설명하시오.

지체장애란 신체의 일부를 잃은 절단장애, 관절장애, 지체기능장애, 변형 등의 장애가 있다.

보충

지체장애인 「장애인복지법 시행규칙」 [별표1]

가. 신체의 일부를 잃은 사람

1) 장애의 정도가 심한 장애

가) 두 손의 엄지손가락과 둘째손가락을 잃은 사람

나) 한 손의 모든 손가락을 잃은 사람

다) 두 다리를 가로발목뼈관절(Chopart's joint) 이상의 부위에서 잃은 사람

라) 한 다리를 무릎관절 이상의 부위에서 잃은 사람

2) 장애의 정도가 심하지 않은 장애인

가) 한 손의 엄지손가락을 잃은 사람

나) 한 손의 둘째손가락을 포함하여 두 손가락을 잃은 사람

다) 한 손의 셋째손가락, 넷째손가락 및 다섯째손가락을 모두 잃은 사람

라) 한 다리를 발목발허리관절(lisfranc joint) 이상의 부위에서 잃은 사람

마) 두 발의 발가락을 모두 잃은 사람

나. 관절장애가 있는 사람

　1) 장애의 정도가 심한 장애인

　　가) 두 팔의 어깨관절, 팔꿈치관절, 손목관절 중 2개 관절기능에 상당한 장애가 있는 사람

　　나) 두 팔의 어깨관절, 팔꿈치관절, 손목관절 모두의 기능에 장애가 있는 사람

　　다) 두 손의 엄지손가락과 둘째손가락의 관절기능에 현저한 장애가 있는 사람

　　라) 한 손의 모든 손가락의 관절기능에 현저한 장애가 있는 사람

　　마) 한 팔의 어깨관절, 팔꿈치관절, 손목관절 중 2개 관절기능에 현저한 장애가 있는 사람

　　바) 한 팔의 어깨관절, 팔꿈치관절, 손목관절 모두의 기능에 상당한 장애가 있는 사람

　　사) 두 다리의 엉덩관절, 무릎관절, 발목관절 중 2개 관절기능에 현저한 장애가 있는 사람

　　아) 두 다리의 엉덩관절, 무릎관절, 발목관절 모두의 기능에 상당한 장애가 있는 사람

　　자) 한 다리의 엉덩관절, 무릎관절, 발목관절 모두의 기능에 현저한 장애가 있는 사람

　2) 장애의 정도가 심하지 않은 장애인

　　가) 한 손의 둘째손가락을 포함하여 3개 손가락의 관절기능에 상당한 장애가 있는 사람

　　나) 한 손의 엄지손가락의 관절기능에 상당한 장애가 있는 사람

　　다) 한 손의 둘째손가락을 포함하여 2개 손가락의 관절기능에 현저한 장애가 있는 사람

　　라) 한 손의 셋째손가락, 넷째손가락, 다섯째손가락 모두의 관절기능에 현저한 장애가 있는 사람

　　마) 한 팔의 어깨관절, 팔꿈치관절, 손목관절 모두의 기능에 장애가 있는 사람

　　바) 한 팔의 어깨관절, 팔꿈치관절 또는 손목관절 중 하나의 기능에 상당한 장애가 있는 사람

　　사) 두 발의 모든 발가락의 관절기능에 현저한 장애가 있는 사람

　　아) 한 다리의 엉덩관절, 무릎관절, 발목관절 모두의 기능에 장애가 있는 사람

　　자) 한 다리의 엉덩관절 또는 무릎관절의 기능에 상당한 장애가 있는 사람

　　차) 한 다리의 발목관절의 기능에 현저한 장애가 있는 사람

다. 지체기능장애가 있는 사람

　1) 장애의 정도가 심한 장애인

　　가) 두 팔의 기능에 상당한 장애가 있는 사람

　　나) 두 손의 엄지손가락 및 둘째손가락의 기능을 잃은 사람

　　다) 한 손의 모든 손가락의 기능을 잃은 사람

　　라) 한 팔의 기능에 현저한 장애가 있는 사람

　　마) 한 다리의 기능을 잃은 사람

　　바) 두 다리의 기능에 현저한 장애가 있는 사람

2) 장애의 정도가 심하지 않은 장애인

　　가) 한 팔의 기능에 상당한 장애가 있는 사람

　　나) 한 손의 둘째손가락을 포함하여 세 손가락의 기능에 상당한 장애가 있는 사람

　　다) 한 손의 엄지손가락의 기능에 상당한 장애가 있는 사람

　　라) 한 손의 둘째손가락을 포함하여 두 손가락의 기능을 잃은 사람

　　마) 한 손의 셋째손가락, 넷째손가락 및 다섯째손가락 모두의 기능을 잃은 사람

　　바) 두 발의 모든 발가락의 기능을 잃은 사람

　　사) 한 다리의 기능에 상당한 장애가 있는 사람

라. 척추장애가 있는 사람

1) 장애의 정도가 심한 장애인

　목뼈 또는 등·허리뼈의 기능을 잃은 사람

2) 장애의 정도가 심하지 않은 장애인

　목뼈 또는 등·허리뼈의 기능이 저하된 사람

마. 신체에 변형 등의 장애가 있는 사람(장애의 정도가 심하지 않은 장애에 해당함)

1) 한 다리가 건강한 다리보다 5센티미터 이상 짧거나 건강한 다리 길이의 15분의 1 이상 짧은 사람

2) 척추옆굽음증(척추측만증)이 있으며, 굽은 각도가 40도 이상인 사람

3) 척추뒤굽음증(척추후만증)이 있으며, 굽은 각도가 60도 이상인 사람

4) 성장이 멈춘 만 18세 이상의 남성으로서 신장이 145센티미터 이하인 사람

5) 성장이 멈춘 만 16세 이상의 여성으로서 신장이 140센티미터 이하인 사람

6) 연골무형성증으로 왜소증에 대한 증상이 뚜렷한 사람

Q. 008 ③

뇌병변장애에 대해 설명하시오.

뇌병변장애란 뇌성마비, 외상성 뇌손상, 뇌졸중(腦卒中) 등 뇌의 기질적 병변으로 인하여 발생한 신체적 장애로 보행이나 일상생활의 동작 등에 상당한 제약을 받는 것을 뜻한다.

뇌병변장애인 「장애인복지법 시행규칙」 [별표1]

가. 장애의 정도가 심한 장애인

1) 보행 또는 일상생활 동작이 상당히 제한된 사람

2) 보행이 경미하게 제한되고 섬세한 일상생활 동작이 현저히 제한된 사람

나. 장애의 정도가 심하지 않은 장애인

보행 시 절뚝거림을 보이거나 섬세한 일상생활 동작이 경미하게 제한된 사람

Q. 009 03

장애인복지법에서 규정하는 시각장애인에 대해 설명하시오.

시력장애, 시야결손장애를 갖고 있는 사람을 말한다.

시각장애인 「장애인복지법 시행규칙」 [별표1]

가. 장애의 정도가 심한 장애인

1) 좋은 눈의 시력(공인된 시력표로 측정한 것을 말하며, 굴절이상이 있는 사람은 최대 교정시력을 기준으로 한다. 이하 같다)이 0.06 이하인 사람

2) 두 눈의 시야가 각각 모든 방향에서 5도 이하로 남은 사람

나. 장애의 정도가 심하지 않은 장애인

1) 좋은 눈의 시력이 0.2 이하인 사람

2) 두 눈의 시야가 각각 모든 방향에서 10도 이하로 남은 사람

3) 두 눈의 시야가 각각 정상 시야의 50퍼센트 이상 감소한 사람

4) 나쁜 눈의 시력이 0.02 이하인 사람

5) 두 눈의 중심 시야에서 20도 이내에 겹보임[복시(複視)]이 있는 사람

Q. 010 ③

청각장애인에 대해 설명하시오.

청각장애 또는 평행기능 장애를 가진 사람을 말한다.

> **보충**

청각장애인 「장애인복지법 시행규칙」 [별표1]

가. 청력을 잃은 사람

　1) 장애의 정도가 심한 장애인

　　두 귀의 청력을 각각 80데시벨 이상 잃은 사람(귀에 입을 대고 큰소리로 말을 해도 듣지 못하는 사람)

　2) 장애의 정도가 심하지 않은 장애인

　　가) 두 귀에 들리는 보통 말소리의 최대의 명료도가 50퍼센트 이하인 사람

　　나) 두 귀의 청력을 각각 60데시벨 이상 잃은 사람(40센티미터 이상의 거리에서 발성된 말소리를 듣지 못하는 사람)

　　다) 한 귀의 청력을 80데시벨 이상 잃고, 다른 귀의 청력을 40데시벨 이상 잃은 사람

나. 평형기능에 장애가 있는 사람

　1) 장애의 정도가 심한 장애

　　양측 평형기능의 소실로 두 눈을 뜨고 직선으로 10미터 이상을 지속적으로 걸을 수 없는 사람

　2) 장애의 정도가 심하지 않은 장애

　　평형기능의 감소로 두 눈을 뜨고 10미터 거리를 직선으로 걸을 때 중앙에서 60센티미터 이상 벗어나고, 복합적인 신체운동이 어려운 사람

Q. 011 ③

언어장애인에 대하여 설명하시오.

언어장애, 음성장애, 구어장애가 있는 사람을 말한다.

> **보충**
>
> **언어장애인 「장애인복지법 시행규칙」 [별표1]**
> 가. 장애의 정도가 심한 장애
>   음성기능이나 언어기능을 잃은 사람
> 나. 장애의 정도가 심하지 않은 장애
>   음성·언어만으로는 의사소통을 하기 곤란할 정도로 음성기능이나 언어기능에 현저한 장애가
>   있는 사람

Q. 012 ③

안면장애인에 대하여 설명하시오.

안면부의 추상, 함몰, 비후 등 변형으로 인한 장애를 가진 사람을 말한다.

> **보충**
>
> **안면장애인 「장애인복지법 시행규칙」 [별표1]**
> 가. 장애의 정도가 심한 장애인
>   1) 노출된 안면부의 75퍼센트 이상이 변형된 사람
>   2) 노출된 안면부의 50퍼센트 이상이 변형되고 코 형태의 3분의 2 이상이 없어진 사람
> 나. 장애의 정도가 심하지 않은 장애인
>   1) 코 형태의 3분의 1 이상이 없어진 사람
>   2) 노출된 안면부의 45% 이상에 백반증(白斑症)이 있는 사람
>   3) 노출된 안면부의 30% 이상이 변형된 사람

Q. 013 ③

자폐성 장애인의 개념에 대하여 설명하시오.

자폐성장애인(장애의 정도가 심한 장애에 해당함)
제10차 국제질병사인분류(International Classification of Diseases, 10th Version)의 진단기준에 따른 전반성 발달장애(자폐증)로 정상발달의 단계가 나타나지 않고, 기능 및 능력 장애로 일상생활이나 사회생활에 간헐적인 도움이 필요한 사람을 뜻한다.

> **보충**

정신장애인

가. 장애의 정도가 심한 장애인
   1) 조현병 또는 뇌의 신경학적 손상으로 인한 기질성 정신장애로 망상, 환청, 사고장애 및 기괴한 행동 등의 양성증상이 있으나, 인격변화나 퇴행은 심하지 않은 경우로서 기능 및 능력 장애로 일상생활이나 사회생활에 간헐적으로 도움이 필요한 사람
   2) 양극성 정동장애(情動障碍, 여러 현실 상황에서 부적절한 정서 반응을 보이는 장애)에 따른 기분·의욕·행동 및 사고의 장애증상이 심하지는 않으나, 증상기가 지속되거나 자주 반복되는 경우로서 기능 및 능력 장애로 일상생활이나 사회생활에 간헐적으로 도움이 필요한 사람
   3) 재발성 우울장애로 기분·의욕·행동 등에 대한 우울 증상기가 지속되거나 자주 반복되는 경우로서 기능 및 능력 장애로 일상생활이나 사회생활에 간헐적으로 도움이 필요한 사람
   4) 조현정동장애(調絃情動障碍)로 1)부터 3)까지에 준하는 증상이 있는 사람

나. 장애의 정도가 심하지 않은 장애인
   1) 조현병 또는 뇌의 신경학적 손상으로 인한 기질성 정신장애로 망상, 환청, 사고장애 및 기괴한 행동 등의 양성증상이 있으나, 인격변화나 퇴행은 심하지 않은 경우로서 기능 및 능력 장애로 일상생활이나 사회생활에 경미한 도움이 필요한 사람
   2) 양극성 정동장애(情動障碍, 여러 현실 상황에서 부적절한 정서 반응을 보이는 장애)에 따른 기분·의욕·행동 및 사고의 장애증상이 심하지는 않으나, 증상기가 지속되거나 자주 반복되는 경우로서 기능 및 능력 장애로 일상생활이나 사회생활에 경미한 도움이 필요한 사람
   3) 재발성 우울장애로 기분·의욕·행동 등에 대한 우울 증상기가 지속되거나 자주 반복되는 경우로서 기능 및 능력 장애로 일상생활이나 사회생활에 경미한 도움이 필요한 사람
   4) 조현정동장애(調絃情動障碍)로 1)부터 3)까지에 준하는 증상이 있는 사람
   5) 지속적인 치료에도 호전되지 않는 강박장애, 투렛장애(Tourette's disorder) 또는 기면증으로 기분·의욕·행동 및 사고의 장애증상이 심한 경우로서 일상생활이나 사회생활에 수시로 도움이 필요한 사람

신장장애인

가. 장애의 정도가 심한 장애

　　만성신부전증으로 3개월 이상 혈액투석이나 복막투석을 받고 있는 사람

나. 장애의 정도가 심하지 않은 장애

　　신장을 이식받은 사람

심장장애인

가. 장애의 정도가 심한 장애

　　심장기능의 장애가 지속되며, 가정에서 가벼운 활동은 할 수 있지만 그 이상의 활동을 하면 심부

　　전증상이나 협심증증상 등이 나타나 정상적인 사회활동을 하기 어려운 사람

나. 장애의 정도가 심하지 않은 장애

　　심장을 이식받은 사람

호흡기장애인

가. 장애의 정도가 심한 장애

　　1) 만성호흡기 질환으로 기관절개관을 유지하고 24시간 인공호흡기로 생활하는 사람

　　2) 폐나 기관지 등 호흡기관의 만성적인 기능장애로 평지에서 보행해도 호흡곤란이 있고, 평상시

　　　의 폐환기 기능(1초시 강제날숨량) 또는 폐확산능(폐로 유입된 공기가 혈액 내로 녹아드는 정

　　　도)이 정상예측치의 40퍼센트 이하이거나 안정 시 자연호흡상태에서의 동맥혈 산소분압이 65

　　　밀리미터수은주(mmHg) 이하인 사람

나. 장애의 정도가 심하지 않은 장애

　　1) 폐를 이식받은 사람

　　2) 늑막루가 있는 사람

간장애인

가. 장애의 정도가 심한 장애

　　1) 간경변증, 간세포암종 등 만성 간질환을 가진 것으로 진단받은 사람 중 잔여 간기능이 만성 간질

　　　환 평가척도(Child-Pugh score) 평가상 C등급인 사람

　　2) 간경변증, 간세포암종 등 만성 간질환을 가진 것으로 진단받은 사람 중 잔여 간기능이 만성 간

　　　질환 평가척도(Child-Pugh score) 평가상 B등급이면서 난치성 복수(腹水)가 있거나 간성뇌증

　　　등의 합병증이 있는 사람

나. 장애의 정도가 심하지 않은 장애

　　간을 이식받은 사람

장루·요루장애인

가. 장애의 정도가 심한 장애

    1) 배변을 위한 말단 공장루를 가지고 있는 사람

    2) 장루와 함께 요루 또는 방광루를 가지고 있는 사람

    3) 장루 또는 요루를 가지고 있으며, 합병증으로 장피누공 또는 배뇨기능장애가 있는 사람

나. 장애의 정도가 심하지 않은 장애

    1) 장루 또는 요루를 가진 사람

    2) 방광루를 가진 사람

뇌전증장애인

가. 성인 뇌전증

    1) 장애의 정도가 심한 장애

        만성적인 뇌전증에 대한 적극적인 치료에도 불구하고 연 6회 이상의 발작(중증 발작은 월 5회 이상을 연 1회, 경증 발작은 월 10회 이상을 연 1회로 본다)이 있고, 발작으로 인한 호흡장애, 흡인성 폐렴, 심한 탈진, 두통, 구역질, 인지기능의 장애 등으로 요양관리가 필요하며, 일상생활 및 사회생활에서 보호와 관리가 수시로 필요한 사람

    2) 장애의 정도가 심하지 않은 장애

        만성적인 뇌전증에 대한 적극적인 치료에도 불구하고 연 3회 이상의 발작(중증 발작은 월 1회 이상을 연 1회, 경증 발작은 월 2회 이상을 연 1회로 본다)이 있고, 이에 따라 협조적인 대인관계가 곤란한 사람

나. 소아청소년 뇌전증

    1) 장애의 정도가 심한 장애

        전신발작, 뇌전증성 뇌병증, 근간대(筋間代) 발작, 부분발작 등으로 요양관리가 필요하며, 일상생활 및 사회생활에서 보호와 관리가 수시로 필요한 사람

    2) 장애의 정도가 심하지 않은 장애

        전신발작, 뇌전증성 뇌병증, 근간대(筋間代) 발작, 부분발작 등으로 일상생활 및 사회생활에서 보호와 관리가 필요한 사람

중복된 장애의 합산 판정

정도가 심하지 않은 장애를 둘 이상 가진 장애는 보건복지부장관이 고시하는 바에 따라 장애의 정도가 심한 장애로 볼 수 있다. 다만, 다음 각 목의 경우에는 그렇지 않다.

가. 지체장애와 뇌병변장애가 같은 부위에 중복된 경우

나. 지적장애와 자폐성장애가 중복된 경우

다. 그 밖에 중복장애로 합산하여 판정하는 것이 타당하지 않다고 보건복지부장관이 정하는 경우

Q. 014 (03)

장애인복지법에서 규정하는 장애정도에 대하여 설명하시오.

19. 7. 1.부터 기존 '장애등급'이 폐지되고 '장애정도' 기준이 도입되었다. 이에 따라 '심한 장애'(기존 1~3등급)와 '심하지 않은 장애'(기존 4~6등급)의 2단계로 구분하고 있다.

Q. 015 (03)

국내 장애인체육대회의 종류를 말해보시오.

- 전국장애인체육대회
- 전국장애인동계체육대회
- 전국장애학생체육대회

Q. 016 (02)

장애인 국제종합대회의 종류를 말해보시오.

- 패럴림픽
- 장애인아시아경기대회
- 아시아장애청소년경기대회
- 데플림픽(농아인)

Q. 017 (03)

장애인 스포츠(특수체육)의 정의에 대해 말하시오.

장애인스포츠(sports for the disabled)는 신체의 발육, 발달에 있어 이상자(異常者)가 하는 스포츠이다. 신체장애와 청각, 시각, 지적장애 등으로 구분하고 있다.

Q. 018 ⑫

패럴림픽(장애인올림픽)과 데플림픽(청각장애인올림픽) 태권도 종목에 참여하는 장애 유형은 무엇이 있는지 설명하시오.

- 지체장애
- 청각장애
- 시각장애
- 지적장애

보충

등급분류

구분	경기등급	등급 설명 내용
지체 (상지장애) K40	K41	겨루기, 양쪽 전체 어깨 절단 또는 각 남은 상지≤1/3(0.193 × 서 있는 키높이)인 양쪽 절단 또는 마비
	K42	겨루기, 각 상지≥1/3(0.193 × 서 있는 키높이)이지만≤(0.193 × 서 있는 키높이) 일반 적정한 몸에 일반 위팔뼈(상완골)의 길이인 양쪽 팔꿈치 이상 또는 전체 절단 또는 마비
	K43	겨루기, 팔꿈치 아래지만 손목 이상 또는 손목 전체인 양쪽 절단(양 손목에 손목뼈(수근골 없음) 또는 마비)
	K44	겨루기, 손목 전체 또는 손목 위, 단일 절단 또는 마비 예 영향 받은 상지에 손목뼈 없음
청각 (농아)	K60	겨루기, 양쪽 귀 청각손실도 55데시벨 이상
	P60	품새, 양쪽 귀 청각손실도 55데시벨 이상
시각	P10	품새, 시각장애인 등록증 보유자
지적	P20	품새, 지적장애인 등록증 보유자
기타장애	오픈	품새, 장애인등록증 보유자

Q. 019 ②

특수체육지도자에 대해서 설명하시오.

장애인의 삶의 질을 향상시키고 건전한 여가생활을 누릴 수 있도록 목표를 세운다. 장애 특성에 맞는 프로그램을 적용하여 흥미 있는 활동이 되도록 지도하며 건강한 인생을 살 수 있도록 해야 한다.

Q. 020 ②

다운증후군에 대해서 설명하시오.

염색체 이상에 의한 질환으로 정상인에게는 2개만 있는 21번 염색체가 1개 더 있어서 발생한다. 특징적 얼굴, 신체 구조가 나타난다. 운동 지도 시 머리와 목 근육에 충격을 줄 수 있는 운동을 피해야 하며, 고관절 과신전에 의한 부상을 주의해야 한다.

지도능력 영역

TAE
KWON
DO

CHAPTER 01

공통 지도능력

Q. 001 ②

태권도에서 방어의 3가지 개념은?

① **1차원적 사고**: 상대방의 공격을 막아내려는 본능적 방어
② **2차원적 사고**: 상대방의 공격을 막으면서 후속 공격 또한 어렵게 만드는 것
③ **3차원적 사고**: 상대방의 공격을 막음과 동시에 즉시 반격할 수 있는 상황을 만드는 것

> **보충**
>
> 방어 동작만으로 공격적인 성향으로 변화될 수 있도록 막기 기술도 공격 기술에 못지않게 많은 시간의 수련을 필요로 한다. 태권도 수련 시 첫 번째 동작 역시 막기 후 공격을 하도록 구성되어 있다. 결과적으로 막기의 궁극적인 목표는 여러 가지 상황들을 대처하는 방법을 일목요연하게 정리하는 것에 그 의미를 둘 수 있다.

Q. 002 ③

태권도 수련 시 준비운동과 정리운동의 필요성과 효과에 대해 설명하시오.

준비운동	정리운동
• 관절의 가동범위 증가 • 부상 방지 • 주 운동의 효과를 증가 • 순환계의 기능 활성화	• 젖산 등 피로물질을 제거 • 갑작스런 활동 정지로 올 수 있는 뇌빈혈 예방 • 근육통증 예방 • 근육경직 예방

Q. 003 03

겨루기 선제공격 중 공격의 적절한 기회 포착 요령(공격 타이밍)을 설명하시오.

상대방이 공격하려고 하는 순간, 상대방의 공격이 끝난 순간, 상대방이 멈추었을 순간, 상대방이 망설이는 순간, 상대방이 물러서는 순간, 들숨 하는 순간 등이 있다.

보충

상대가 공격하려고 하는 순간	상대가 공격에만 몰두하면 방어를 생각하지 못하기 때문에 상대가 공격하려고 하는 순간이 기회이다.
상대의 공격이 끝난 순간	공격의 끝 동작은 항상 다음 동작으로 옮기는 동작 변화가 어렵기 때문에 이때가 기회이다.
멈추었을 순간	문득 긴장을 풀든가, 어느 한 때 몸도 마음도 힘이 빠져서 순간적으로 쉬는 상태가 공격 기회이다.
망설이는 순간	주특기 기술이 효과가 없을 때 어떤 기술로 공격을 할까 하고 망설이는 순간이 있는데 이 순간이 공격의 기회가 된다.
물러서는 순간	상대가 초조해하며 안정된 자세를 무너뜨리고 물러가는 순간이 기회이다.
들숨 하는 순간	순간적인 힘과 기백은 호흡에서 숨을 내뿜는 순간에 나온다. 숨을 들이마실 때는 힘이 주어지지 않기 때문에 민첩성 및 순발력이 결여된다. 이 순간이 공격의 기회가 된다.

Q. 004 02

겨루기 전 준비자세인 겨룸새에 대해서 설명하시오.

겨루기 준비자세인 겨룸새는 겨루기를 효율적으로 수행하기 위한 준비자세이다. 기본적인 형태는 기본 발 자세 형태를 취한 상태에서 두 발의 간격은 어깨너머의 1.5배 정도를 벌리며 주먹은 가볍게 쥐어 자연스럽게 몸통 앞에 위치한다. 또한 무릎은 120°~130° 굽힌 상태에서 상체를 바르게 세우고 어깨는 약 45° 정도 옆으로 유지하는 것이 이상적인 자세이다.

Q. 005 ②

겨루기 겨룸새에서 엇서기와 맞서기에 대해 설명하시오.

① 엇서기 자세
- **왼 엇서기**: 두 선수가 서로 같은 왼발을 앞에 놓고 있는 자세
- **오른 엇서기**: 두 선수가 서로 같은 오른발을 앞에 놓고 있는 자세

② **맞서기 자세**
    한 선수는 왼발(오른발)을 앞에 놓고 다른 선수는 오른발(왼발)을 앞에 놓고 마주 서는 자세

Q. 006 ③

겨루기 초급자, 중급자, 고급자를 위한 지도방법에 대해 한 가지만 설명하시오.

초급 단계	• 차기 기법에서 무릎을 접고 차는 것, 찬 후에 접는 것이 중요하다 • 기본차기를 단발 동작으로 잘 수행할 수 있도록 해야 한다. • 욕심을 내서 기본차기 단발 동작도 숙달되지 않은 상태에서 복합 동작을 수련하면 효과가 떨어진다. • 기본차기는 무릎, 허리, 발목 관절을 활용하여 상체 이동을 잘 할 수 있어야 한다. 이를 위해서는 지도자가 수련생에게 기법을 관절별로 나누어 교육하는 것이 필요하다.
중급 단계	• 딛기 기법을 이용한 발차기와 연결동작이 복합적으로 부드럽게 이어지도록 지도해야 한다. • 딛기를 활용하여 방향을 바꾸고 거리를 조절하여 단발 차기와 연속동작이 부드럽게 연결되도록 지도해야 한다. • 상대방의 공격에 방어하고, 공격의 찬스를 얻으면 신속하게 공격할 수 있도록 공방의 전환이 자유롭도록 지도해야 한다.
고급 단계	• 딛기 기법을 이용한 차기와 연결동작이 부드럽게 이루어져야 한다. • 딛기 기법을 이용한 단발 동작과 연속 동작이 부드럽게 연속적으로 연결될 수 있도록 해야 한다. • 상대의 공격을 방어함과 동시에 공격으로 전환할 수 있어야 한다. • 무릎, 허리, 발목 등을 잘 사용하여 상대의 공격을 효과적으로 방어할 수 있어야 한다.

Q. 007 ③

겨루기 훈련 시 민첩성, 순발력 등의 감각훈련 훈련방법에 대해 설명하시오.

① 상대방의 동작을 흘려보내고 받아차는 방법
② 상대방의 동작과 같은 시간적 타이밍에 받아차는 방법
③ 상대방의 동작이 나오기 전에 대응 차기 하는 방법
④ 상대방의 동작에 따라 가깝게, 멀리 또는 틀어 유효한 공격과 반격이 이루어지게 거리를 유지하는 방법

Q. 008 ②

태권도 미트(타깃) 잡는 방법을 한 가지의 사례를 들어 설명하시오.

미트(표적, 타깃) 잡는 법
① 세워 잡는 법(손목 뻗어 세운 주먹 형태)
② 비껴 잡는 법(비스듬히 손을 틀은 형태)
③ 눕혀 잡는 법(손을 앞으로 뻗은 형태)
④ 틀어 잡는 법(선서하듯이 손을 올린 형태)
⑤ 세워 틀어잡는 법(표적을 세워서 틀어잡은 형태)
⑥ 뻗어 잡는 법(표적을 잡은 손을 메주먹 모양으로 옆으로 뻗은 형태)

보충

세워 잡는 법	• 손목을 뻗어 세운 주먹 형태 • 돌려차기 연습 시 필요 각도 • 무릎을 접어서 완전히 돌려차게 하는 것으로 짧은 동작을 사용하여 근접한 거리 공격의 연습을 위해 표적을 수직으로 세워 잡는 방법 • 접지면의 충격센서 전자호구 연습에 필요한 돌려차기 연습 방법
비껴 잡는 법	• 비스듬히 손을 틀어 준다. • 겨루기 실전에서 주로 이루어지는 차기 동작을 익히는 방법으로 자연스럽게 공격할 수 있는 거리에 대하여 빠르게 허리를 넣으며 공격하는 연습으로 표적을 45° 정도 눕혀 잡는 방법 • 상대방의 동작에 따라 공격(제자리) 또는 빠져서 받아차는 연습 방법

눕혀 잡는 법		• 손앞으로 뻗어 준다. • 스피드 차기 및 허리와 엉덩이를 목표물을 향해 집어 넣는 동작을 숙달하는 방법으로 차기 사정권을 최대로 하여 차도록 표적을 수평으로 눕혀 잡는 방법 • 단발 공격, 받아차기 시 최대한 몸을 눕혀 차는 연습 방법
틀어 잡는 법		• 선서하듯이 손을 올려 준다. • 내려차기 연습 시 필요 각도 • 상황에 따라 짧게, 길게 차는 방법으로 제자리에서, 나가면서, 뛰어가면서 차는 방법 • 발붙여 내려차기 응용
세워 틀어 잡는 법		• 표적을 세워서 틀어 준다. • 뒤후려차기 연습 시 잡는 방법 • 상황에 따라 제자리에서, 빠지면서, 뛰어 뒤후려차는 방법 • 두 손으로 X자로 잡아 뒤차기, 옆차기 응용
뻗어 잡는 법		• 표적을 메주먹 형태로 옆으로 뻗어 준다. • 뒷차기 연습 잡는 방법 • 제자리에서, 한 발 주고 나가면서, 뛰어 뒤차는 방법

Q. 009 ⑫

겨루기의 훈련대형에 대하여 한 가지 설명하시오.

정면대형, 전진대형, 원대형, 자유대형 등이 있다.

① **정면(거울)대형**: 전방에 가상의 상대를 생각하며, 딛기와 속임 동작을 이용하여 차기를 실시한다.

② **전진대형**: 종대로 정렬한 후 딛기와 속임 동작을 이용하여 앞으로 이동하며 차기를 실시한다.

③ **원대형**: 원을 그리며, 왼쪽, 오른쪽으로 내디디며 지도자의 지시에 따라 다양한 차기를 실시한다.

④ **자유대형**: 경기장(8m×8m) 내에서 자유롭게 빠르게 차기를 실시한다.

Q. 010 ③

스포츠상황에서 심리기술훈련이란 무엇인지 설명하시오.

① 심리기술이란 생각과 감정의 조절을 통해 스포츠 상황에서 겪는 스트레스를 극복하고 경기력을 극대화하는 데 필요한 모든 정신적인 전략과 기법이라 할 수 있다.
② 기술 수준이 비슷하면 심리기술이 뛰어난 쪽이 승리 가능성이 높으며, 체력이나 전술적인 면에서 선수의 정신력과 심리기술이 승패를 결정하는 요인이 되기도 한다.

Q. 011 ③

태권도 수련 시 발생하는 부상 중 염좌의 정의와 응급처치 요령에 대해 설명하시오.

• 염좌란 선수의 관절부위에 있는 인대 등이 전체 또는 부분적으로 파열된 상태를 말한다.
• 응급처치로는 라이스법(RICE)을 (선수의 안정 → 냉찜질 → 고정과 압박 → 손상 부위를 높이 올림) 한다.

> **보충**
>
> **염좌**
> • 관절이 정상 가동범위를 심하게 벗어남에 따라 관절 주변에 위치한 인대가 손상을 받아 발생한다.
> • 주로 발목, 손목, 무릎, 손가락 관절 등에 자주 발생한다.
> • 염좌 시 부상 부위를 움직이지 않도록 고정하고 혈액이 몰려 통증이 가중되지 않도록 염좌 부위를 높게 올린다. 상처 부위에 얼음이나 찬물 등으로 찜질을 하여 통증과 부기를 경감시키도록 하며, 부상이 심각하면 전문 의료인이나 구급요원이 도착할 때까지 선수가 움직이지 않도록 해야 한다.
> • 기본적인 응급처치가 끝나면 의료기관의 도움을 받도록 한다.

Q. 012 ③
태권도 품새의 연성과정에 대해 설명하시오.

- **1단계**: 모양(목표는 동작의 정확성)
- **2단계**: 뜻(전체 품새의 뜻을 배움)
- **3단계**: 실용(실전에 적용)
- **4단계**: 자기류(효과 있는 기술을 알아내어 자기화하는 과정)
- **5단계**: 완성(태권도 최고의 경지)
  품새의 연성단계를 통해 품새를 연마한다.

Q. 013 ③
태극 3장의 뒷굽이에서 앞굽이로 전환하는 방법에 대해 설명하시오.

뒷굽이에서 앞굽이로 전환할 때는 자세의 높낮이에 변화 없이 중심이 뒷굽이에서 앞굽이로 중심이동하면서 앞굽이로 동시에 전환해야 한다. 이때 뒷발의 각은 30° 이내로 유지하고 앞발은 한 발 반 앞으로 내딛어 앞굽이로 전환한다. 단, 뒷굽이 뒷발이 뒤로 빠지지 않게 지도한다.

Q. 014 ③
태권도 기술 중 준비자세의 의미는?

준비자세란 태권도 기술 수행 전 신체의 긴장을 풀고 호흡을 조절하며 정신을 집중하는 마음가짐의 자세이다.

Q. 015 ③
태권도 준비자세의 종류는?

기본 준비자세, 통밀기 자세, 겹손 준비자세, 보주먹 준비자세, 겨루기(겨룸새) 준비자세, 격파 준비자세, 두주먹 허리자세가 있다.

표준심사과목

기본 준비자세

겹손 준비자세

두주먹 허리 준비자세

보주먹 준비자세

통밀기 자세

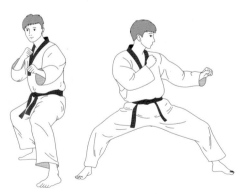

격파 준비자세

겨룸새 준비자세

Q. 016 02

태권도 심사 규정에서 품새과목 중 지정품새와 필수품새에 대해 설명하시오.

지정품새란 응시 품(단)이 지정으로 행하여야 하는 품새이며, 필수품새는 응시 품(단)을 취득하기 위해서 필수적으로 행하는 품새를 말한다.

Q. 017 02

태권도 심사 규정에서 품새과목 중 6단 심사에 대해 설명하시오.

6단 심사의 필수품새는 지태이며, 지정품새는 태백, 평원, 십진 중에서 1개를 지정한다. 또한 기본동작, 겨루기, 논술과목을 실시한다.

보충

표준심사과목<개정 2022. 5. 10.>

구분 / 응시 품·단	실기		기본 동작 과목	겨루기 과목	격파 과목	이론		구술 면접 과목
	품새과목					필답 과목	논술 과목	
	지정	필수						
1품	태극 1장~8장 중 2지정		●	●				
1단	태극 1장~7장 중 1지정	태극 8장	●	●				
2품·단	태극 1장~8장 중 1지정	고려	●	●				
3품·단	태극 1장~8장, 고려 중 1지정	금강	●	●				
4품	태극 1장~8장, 고려, 금강 중 1지정	태백	●	●				
4단	태극 1장~8장, 고려, 금강 중 1지정	태백	●	●	●	●		
5단	태극 1장~8장, 고려, 금강, 태백 중 1지정	평원	●	●	●	●		
6단	태백, 평원, 십진 중 1지정	지태	●	●	●		●	
7단	평원, 십진, 지태 중 1지정	천권	●	●	●		●	
8단	십진, 지태, 천권 중 1지정	한수	●				●	●
9단	지태, 천권, 한수 중 1지정	일여	●				●	●

*모든 품·단 실기에서 호신술 가능(22. 9. 1. 심사부터 적용)

Q. 018 (02)

태권도 심사 규정에서 3단이 4단을 취득하기 위해서는 몇 년의 연한이 지나야 하는가?

3단에서 4단 심사를 보기 위해서는 품으로 시작한 응시자는 만 18세 이상, 단으로 시작한 응시자는 만 21세 이상이어야 하며, 3년이 지나야 4단을 응시할 수 있다.

보충

응시자격의 기준

구분 응시	연한	연령		연한 및 연령의 적용
		품부터 시작한 응시자	단부터 시작한 응시자	
1품	-	만 15세 미만	-	• 태권도를 품부터 시작한 자의 경우 태권도 조기 수련자임을 감안, 5단까지 승단 연령의 단축 혜택을 부여함 • 1~3품의 자격을 보유하고, 만 15세 이상이 된 자가 단으로 자격을 전환, 신청할 경우 단증을 교부할 수 있음 • 4품의 자격을 보유하고, 만 18세 이상이 되어 4단으로 자격을 전환, 신청할 경우 국기원 세계태권도연수원에서 실시하는 보수교육을 이수하도록 하여야 하며, 4단으로 자격을 전환하지 아니하면 5단 승단의 응시자격을 부여하지 아니함. 5단 승단의 연한은 4품 승품일로부터 적용함 • 저단자(1~4품, 1~5단) 심사의 경우 연한 및 연령의 적용이 허용되는 범위는 심사시행일을 기준으로 15일 이전, 15일 이후까지로 함. 단, 품의 자격을 보유한 자에게 태권도 심사규칙 제16조에 따른 응시기회를 부여할 때에는 연한 및 연령이 초과하였음에도 불구하고 불합격한 심사에 응시한 해당 품만 허용함 • 고단자(6~9단) 심사의 연한 및 연령의 적용이 허용되는 범위는 심사시행일이 포함되어 있는 월로 함 • 제15조 제1항 제1호에 따른 유공자 응시자격 특례는 연령에는 적용되지 않으며 연한의 단축만 부여함
1품 → 2품	1년	만 15세 미만	-	
2품 → 3품	2년	만 15세 미만	-	
3품 → 4품	3년	만 18세 미만	-	
4품 → 4단	-	만 18세 이상	-	
1단	-	-	만 15세 이상	
1단 → 2단	1년	만 15세 이상	만 16세 이상	
2단 → 3단	2년	만 15세 이상	만 18세 이상	
3단 → 4단	3년	만 18세 이상	만 21세 이상	
4단 → 5단	4년	만 22세 이상	만 25세 이상	
5단 → 6단	5년	만 30세 이상	만 30세 이상	
6단 → 7단	6년	만 36세 이상	만 36세 이상	
7단 → 8단	8년	만 44세 이상	만 44세 이상	
8단 → 9단	9년	만 53세 이상	만 53세 이상	

Q. 019 ③

태권도 심사 규정에서 월단에 대한 유공자 응시자격의 특례 적용기준에 대해 설명하시오.

태권도 월단은 경기실적과 공로실적으로 구분한다.

보충

경기실적

올림픽, 국기원 및 세계태권도연맹이 주최한 국제적 규모의 태권도 대상 입상자, 대륙별 대회의 태권도 종목 및 대륙별 태권도 대회 입상자를 중심으로 응시기간을 단축시켜주고 있다.

공로실적

태권도 보급, 발전과 관련한 공로를 인정받아 국가 원수로부터 훈장을 수여받는 자의 경우 50% 기간을 단축한다.

유공자 응시자격의 특례 적용기준

분야별	내용	단축율
경기실적	올림픽 태권도 종목 입상자 (금: 100%, 은: 80%, 동: 60%)	60%~100%
	국기원, 세계태권도연맹이 주최한 국제적 규모의 태권도 대회 입상자 (금: 80%, 은: 60%, 동: 40%)	40%~80%
	대륙별 대회의 태권도 종목 및 대륙별 태권도 대회 입상자 (금: 60%, 은: 40%, 동: 20%)	20%~60%
공로실적	태권도 보급, 발전과 관련한 공로를 인정받아 국가 원수로부터 훈장을 수여받은 자	50%

적용대회

구분	국문명칭	영문명칭	단축율
올림픽 태권도 종목	올림픽 (금: 100%, 은: 80%, 동: 60%)	Olympic Games (Gold: 100%, Silver: 80%, Bronze: 60%)	60%~100%

구분	국문명칭	영문명칭	단축율
국기원, 세계 태권도 연맹이 주최한 국제적 규모의 태권도 대회	1. 세계태권도 한마당 2. 세계태권도선수권대회 3. 세계태권도품새선수권대회 (금: 80%, 은: 60%, 동: 40%)	1. World Taekwondo Hanmadang 2. World Taekwondo Championships 3. World Taekwondo Poomsae Championships (Gold: 80%, Silver: 60%, Bronze: 40%)	40%~ 80%
대륙별 대회의 태권도 종목 및 대륙별 태권도 대회	1. 아시안 게임 2. 팬암 게임 3. 올 아프리칸 게임 4. 아시아태권도선수권대회 5. 유럽태권도선수권대회 6. 팬암태권도선수권대회 7. 아프리카태권도선수권대회 8. 오세아니아태권도선수권대회 (금: 60%, 은: 40%, 동: 20%)	1. Asian Games 2. Pan American Games 3. All African Games 4. Asian Taekwondo Championships 5. European Taekwondo Championships 6. Pan American Taekwondo Championships 7. African Taekwondo Championships 8. Oceanian Taekwondo Championships (Gold: 60%, Silver: 40%, Bronze: 40%)	20%~ 60%

Q. 020 ⑪

유급자의 단급 체계에 대해 설명하시오.

무급(無級) 또는 10급에서 시작하며 9급~1급으로 구분한다.

Q. 021 ⑪

저단자의 범위에 대해 설명하시오.

국기원 심사를 통해 단증 1단(품)에서 5단까지를 말한다.

Q. 022 ⑪

고단자의 범위에 대해 설명하시오.

국기원 심사를 통해 단증 6단에서 9단까지를 말한다.

Q. 023 ①

태권도 유급자 품새의 품새선에 대해 설명하시오.

1장~8장까지 임금 왕(王)의 품새선으로 수련한다.

Q. 024 ③

태권도 유급자 품새와 팔괘의 의미를 3가지 이상 설명하시오.

유급자 품새			
번호	품새	의미	품수
1	태극(太極) 1장	건(乾)-하늘, 양(陽)	18
2	태극(太極) 2장	태(兌)-연못	18
3	태극(太極) 3장	이(離)-불	20
4	태극(太極) 4장	진(震)-우뢰	20
5	태극(太極) 5장	손(巽)-바람	20
6	태극(太極) 6장	감(坎)-물	19
7	태극(太極) 7장	간(艮)-산	25
8	태극(太極) 8장	곤(坤)-땅	27

Q. 025 ②

유급자 품새 중 태극 1장~8장까지 품새의 품수에 대해 설명하시오.

- **1장~2장**: 18품
- **3장~5장**: 20품
- **6장**: 19품
- **7장**: 25품
- **8장**: 27품

Q. 026 ②

유단자 품새의 종류에 대해 기술하시오.

고려, 금강, 태백, 평원, 십진, 지태, 천권, 한수, 일여

Q. 027 ③

유단자 품새의 품새선에 대해 설명 하시오.

고려품새 선비 사(士), 금강품새 뫼 산(山), 태백품새 지을, 장인 공(工), 평원품새 한 일(一), 십진품새 열 십(十), 지태품새 한글모음 오(ㅗ), 천권품새 한글모음 우(ㅜ), 한수품새 물 수(水), 일여품새 불교 만(卍)

Q. 028 ③

유단자 품새의 품 수에 대해 설명하 시오.

고려(30), 금강(27), 태백(26), 평원(21), 십진(28), 지태(28), 천권(26), 한수(27), 일여(23)

보충

품새의 구분과 의미, 품수 요약

품수(유급자 품새 + 유단자 품새)의 총합=403

유급자 품새				유단자 품새			
번호	품새	의미	품수	번호	품새	의미	품수
1	태극(太極) 1장	건(乾)-하늘, 양(陽)	18	9	고려(高麗)	선배(상무·선비 정신)	30
2	태극(太極) 2장	태(兌)-연못	18	10	금강(金剛)	강함과 무거움	27
3	태극(太極) 3장	이(離)-불	20	11	태백(太白)	붉메(밝산)=백두산	26
4	태극(太極) 4장	진(震)-우뢰	20	12	평원(平原)	큰 땅	21
5	태극(太極) 5장	손(巽)-바람	20	13	십진(十進)	십장생	28
6	태극(太極) 6장	감(坎)-물	19	14	지태(紙胎)	지상인(地上人)	28
7	태극(太極) 7장	간(艮)-산	25	15	천권(天眷)	하늘이 가진 대능력	26
8	태극(太極) 8장	곤(坤)-땅	27	16	한수(漢水)	한물(한+물)	27
소계			167	17	일여(一如)	원효사상(元曉思想)	23
				소계			236

자료: 국기원(2005), 태권도 교본, 오성출판사

Q. 029 ③

유급자 품새의 태극 품새 사상 중 한 가지만 서술하시오.

태극 1장은 팔괘의 건을 의미하며, 하늘과 양을 뜻한다. 만물의 근원, 시초를 의미하며, 태권도 품새에서 처음 하는 품새로 18품의 품수를 갖고 있다.

보충

태극품새

구분	의미	선
태극 1장	• 팔괘의 건(乾)을 의미: 하늘과 양(陽)을 뜻함. 만물의 근원. 시초 • 태권도에 있어서 맨 처음의 품새	王
태극 2장	• 팔괘의 태(兌)를 의미: 태=연못. 연못은 속으로 단단하고 겉으로는 부드럽다는 뜻 • 유연과 절도 있는 동작을 익히는 수련 과정	
태극 3장	• 팔괘의 이(離)를 의미: 이=불. 불은 뜨겁고 밝음을 지님 • 수련을 통한 불같은 정의심과 수련의욕 수련 과정	
태극 4장	• 팔괘의 진(震)을 의미: 진=우레. 큰 힘과 위엄 있는 뜻 • 옆차기와 같이 큰힘. 동작 변화로 응용을 수련하는 과정	
태극 5장	• 팔괘의 손(巽)을 의미: 손=바람. 바람의 강약에 따라 위세와 고요의 뜻함 • 힘의 강약을 조절할 수 있는 수련 단계	
태극 6장	• 팔괘의 감(坎)을 의미: 감=물. 끊임없는 흐름과 유연함을 뜻함 • 물의 특성처럼 동작의 연결과 표현이 물 흐르듯 해야 함	
태극 7장	• 팔괘의 간(艮)을 의미: 간=산. 산은 육중함과 굳건하다는 뜻 • 흔들리지 않는 수련의식과 기술 습득으로 인한 힘의 무게를 표현	
태극 8장	• 팔괘의 곤(坤)을 의미: 곤은 음(陰)과 땅. 유급자 마지막 품새 • 땅은 뿌리와 안정 그리고 시작과 끝의 뜻을 지님	

유급자 품새 태극 1장 ~ 8장

乾	**태극 1장의 의미와 특징** • 팔괘 중 하늘을 상징하는 乾(하늘 건)에 해당 • 陽(볕 양)을 나타내며 만물의 시작을 알리는 기운을 나타냄 • 첫 번째 품새 • 수련을 통해서 태권도의 기본이 되는 동작의 바른 이해와 기술의 습득 • 서기의 기본적인 걷기를 습득 **태극 1장의 새로운 동작** • (몸통)지르기, 아래막기, (몸통)안막기, 앞차기, 얼굴막기 • **서기**: 앞서기, 앞굽이
兌	**태극 2장의 의미와 특징** • 팔괘의 兌(빛날 태)를 상징, 수면이 고요한 연못을 상징 • 인체의 작용에서 호흡을 조절하는 것을 의미 • 감정을 다스리는 과정을 뜻하므로 아랫배를 중심으로 기운을 가라앉혀야 한다는 의미 **태극 2장의 새로운 동작** • 얼굴지르기, 앞차기 동작을 좀 더 넣어 발차기를 수련하게 하였음
離	**태극 3장의 의미와 특징** • 팔괘의 離(때놓을 이)를 의미, 뜨거운 기운을 상징하므로 심장에 해당 • 용맹한 마음을 양성하는 과정 • 불과 빛에 해당하는 함과 기술로써 과감하게 방어와 공격을 연결하며 수련하는 의미 **태극 3장의 새로운 동작** • (목)손날 안치기, (몸통)손날 바깥막기
震	**태극 4장의 의미와 특징** • 팔괘의 震(진동할 진)에 해당, 구름 속에서 순식간에 일어나는 천둥과 번개를 나타냄 • 쾌속한 움직임과 강력한 차기를 할 수 있게 하는 기동력을 의미 • 수련을 하면서 상대와의 거리를 자신에게 유리하게 만들면서 변화무쌍한 용처럼 공격해가는 과정을 의미 **태극 4장의 새로운 동작** • (몸통)손날 거들어 바깥막기, 편손끝 세워 찌르기, 제비품 손날 안치기, (몸통)바깥막기, 옆차기, 등주먹 앞치기 • 겨루기를 대비할 수 있는 동작과 뒷굽이가 많다.

	**태극 5장의 의미와 특징** • 팔괘의 巽(손괘 손)에 해당 • 고요하지만 때로는 큰 태풍으로 돌변하기도 하는 것을 의미 • 인체의 움직임을 관장하는 골반과 고관절 부위를 이완 • 여러 자세를 통해 골반과 고관절을 수련함으로써 힘을 다양하게 발휘하도록 수련하는 과정 **태극 5장의 새로운 동작** • 메주먹 내려치기, (턱)팔굽 돌려치기, 메주먹 옆치기, (몸통)팔굽 표적치기 • **서기**: 꼬아서기, 왼서기, 오른서기 • 연속막기 동작을 하고, 표적치기할 때에 표적이 움직이지 않게 주의하여 수련
	**태극 6장의 의미와 특징** • 팔괘의 坎(험난할 감)에 해당 • 흐르는 물이 장애물을 타고 넘어가듯이, 상대의 힘을 흘리며 반격하는 느낌의 훈련 • 흐름의 끊어짐 없이 기술을 연결하며 외형적인 기술의 연결만을 의미하는 것이 아니라 전체적인 힘의 발산과 수렴의 과정을 의미 **태극 6장의 새로운 동작** • (얼굴)손날 비틀어 바깥막기, 돌려차기, 아래 손날 헤쳐막기, 얼굴 바깥막기, (몸통)바탕손 안막기 • 돌려차기 한 발을 정확히 앞으로 한걸음 반을 내딛기하며 바탕손 안막기가 팔목으로 막을 때보다 낮춰야 하는 것에 주의
	태극 7장의 의미와 특징 • 팔괘의 艮(거스름 간)에 해당 • 굽이쳐 흐르는 산맥을 나타내며, 바위나 그 안으로 흐르는 지하수처럼 인체의 근육, 관절, 혈관과 신경을 말함 • 온몸의 관절과 근육의 효율적인 굴신운동으로 하여 강한 힘을 발휘하도록 수련하는 것을 뜻함 **태극 7장의 새로운 동작** • 손날 거들어 아래막기, 바탕손 거들어 안막기, 보주먹준비서기, 가위막기, 무릎치기, 헤쳐막기, 두 주먹 젖혀지르기, 아래 엇걸어막기, 등주먹 바깥치기, (얼굴)표적안차기, 옆지르기 • **서기**: 범서기, 주춤서기 • 동작이 다양하기에 연결을 자연스럽게 훈련하는 데에 중점

태극 8장의 의미와 특징

• 팔괘의 坤(땅 곤)에 해당하며, 陰(응달 음)의 기운인 땅을 나타내는 동시에 만물의 터전을 말함

• 복부를 의미하고 복부의 힘을 강화하고, 두 발이 공중에 뜬 상태로 전신을 이용하여 공격을 하는 수련

• 상하체의 유기적 연결동작을 통해서 모든 과정의 마무리를 의미

태극 8장의 새로운 동작

• 두발당성차기, (몸통)거들어 바깥막기, 외산틀막기, 턱 당겨지르기, 거들어 아래막기, 뛰어 앞차기, 팔굽 돌려치기

• 수련 시 차고 뒤로 두 걸음 물러나 딛기 하는 방법의 정확성과, 두발당성차기와 뛰어 앞차기 동작의 차이를 정확히 습득

Q. 030 02

태극 4장에서 새로 나온 동작에 대해 설명하시오.

제비품 손날 안치기, 등주먹치기, 손날 거들어 바깥막기, 편손끝 세워 찌르기, 옆차기, 등주먹 앞치기 등이 있다.

Q. 031 03

태극 4장에서 제비품목치기에 대하여 설명하시오.

손날 올려막기와 손날 안치기를 동시에 수행하는 기술이다.

보충

제비폼 목치기

제비가 물속의 먹이를 빠르게 낚아채는 모습, 제비의 형상을 표현한 동작으로 가상의 상대방의 공격을 방어하기 위해 손날 올려막기를 이용하여 막으면서 상대방의 목을 가격하는 손날 안치기 동작을 함께 구성한 동작이다. 손날 올려막기와 손날 안막기를 막는 동시에 공방을 완성하는 동작이다.

제비폼 안치기: 손날 얼굴 올려막기 + 손날 안치기

Q. 032 03
태극 4장에서 새로 나온 동작을 말해보시오.

제비품 손날 안치기, 등주먹치기, 손날 거들어 바깥막기, 편손끝 세워 찌르기, 옆차기, 등주먹 앞치기 등이 있다.

Q. 033 01
태권도의 공격목표 부위 중 3개의 급소는?

얼굴(인중), 몸통(명치), 아래(단전)

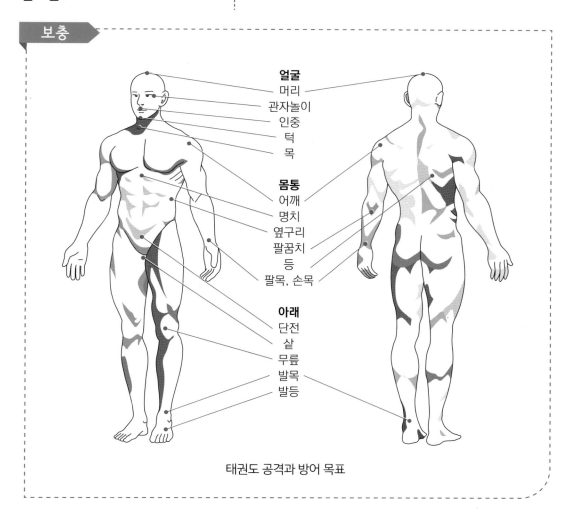

보충

얼굴
머리
관자놀이
인중
턱
목

몸통
어깨
명치
옆구리
팔꿈치
등
팔목, 손목

아래
단전
살
무릎
발목
발등

태권도 공격과 방어 목표

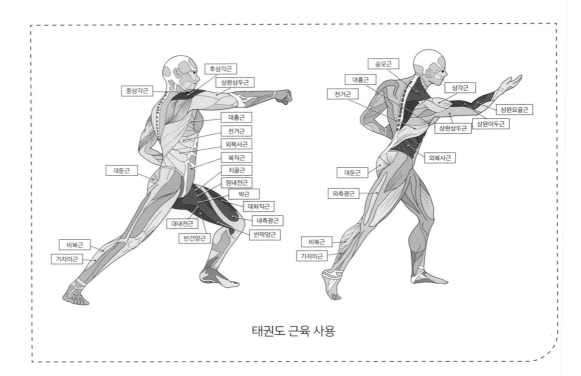

태권도 근육 사용

Q. 034 ③

태권도 기술 중 공격과 방어기술을 나열하시오.

태권도는 공격과 방어로 구성되어 있다.
- **방어기술**: 막기, 누르기, 피하기, 흘리기, 빼기 등이 있다.
- **공격기술**: 지르기, 찌르기, 치기, 차기, 꺾기, 던지기 등이 있다.

Q. 035 ①

태권도 기술 중 꺾기란 무엇인지 설명하시오.

손으로 상대방의 손목, 팔굽, 어깨, 발목, 무릎 등을 누르거나 비틀어서 제압하는 기술로 가까운 거리에서 상대방에게 잡혔을 때나 상대방을 잡았을 때 활용하는 기술이다.

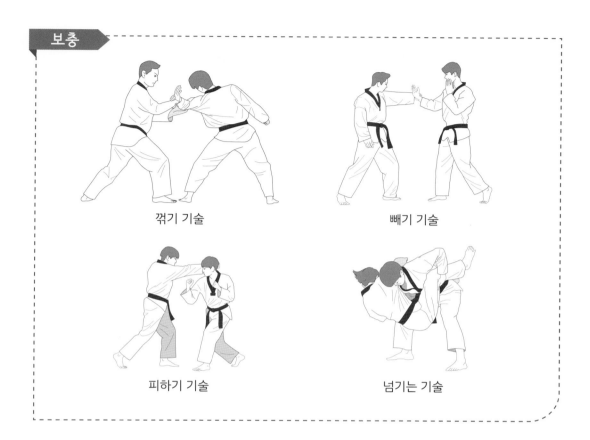

꺾기 기술

빼기 기술

피하기 기술

넘기는 기술

Q. 036 02

태권도의 기본이란 무엇인지 설명하시오.

태권도 기술을 분해했을 때, 더 이상 나눠지지 않는 동작의 최소단위이다.

Q. 037 03

태권도 기술용어를 완성하는 방법을 설명하시오.

태권도 기술용어는 [사용부위+방법+기술]의 차례로 엮어서 구성한다.

예 **안팔목 바깥막기:** 안팔목(사용부위) 바깥(방법) 막기(기술)로 사용되며, 최소단위로 바깥막기로도 사용한다.

Q. 038 ③

구령의 일종인 예령(豫令)과 동령(動令)에 대해 예를 들어 설명하시오.

예령과 동령은 구령을 넣을 때 사용하는 말이며, 예령은 동작을 미리 생각하고 준비하라는 의미이며, 동령은 기술을 행하라는 의미이다.

예 **열중 쉬어**: 열중(예령), 쉬어(동령)
얼굴 바깥막기: 얼굴(예령), 바깥막기(동령)

Q. 039 ③

태권도 기술 중 넘기기란 무엇인지 설명하시오.

상대방을 잡아당기거나 밀치며 중심을 무너뜨린 다음 쓰러뜨리는 기술이다.

보충

넘기기에는 걸어넘기기, 들어넘기기 등이 있다.

Q. 040

태권도 기술 중 딛기에 대해 설명하시오.

상대방과의 거리 조절 및 공격과 방어동작 수행을 위해, 발을 여러 곳으로 움직이거나 방향을 바꾸는 동작을 말한다.

보충

태권도에서 이루어지는 발의 모든 움직임을 포함하며, '내딛기, 돌아딛기, 모딛기, 물러딛기, 옆딛기, 제자리딛기' 등으로 활용된다.

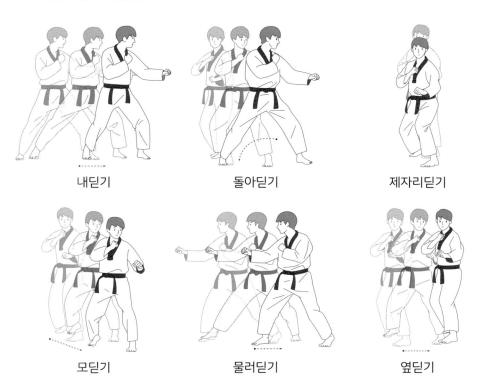

내딛기 · 돌아딛기 · 제자리딛기

모딛기 · 물러딛기 · 옆딛기

Q. 041 ③

태권도 기술 중 막기에 대해 설명하시오.

손이나 팔, 발, 다리 등으로 상대방의 공격을 차단하여 주요 신체 부위를 보호하는 기술을 말한다.

보충

상대방의 공격에 맞서거나 쳐내는 '쳐막기'가 일반적이나, 경우에 따라서는 충격을 흡수하는 '받아막기', 공격을 미리 차단하는 '걸어막기', 밀어 내어 공격의 진행방향을 바꾸는 '걷어막기' 등으로 활용한다.

Q. 042 ③

태권도 기술 중 통밀기에 대해 설명하시오.

두 손바닥으로 통나무를 미는 듯한 모습의 동작을 말한다.

보충

두 손날을 단전 앞에서부터 얼굴 앞까지 손바닥이 위로 향하도록 끌어 올린 다음, 통나무를 부여잡고 밀듯이 두 손바닥을 앞으로 천천히 밀어내는 동작이다.

Q. 043 ②

태권도에서 바르게 주먹을 쥐는 방법에 대해 설명하시오.

• 주먹은 다섯 개의 손가락을 말아서 쥐고 있는 모양을 말하며, 지르기 기술에 중점적으로 사용된다.
• 구체적으로 ① 손을 편 후 엄지손가락을 하늘로 향하게 하여 최대한의 힘을 주고 나머지 손가락은 가지런히 붙여 끝에서부터 천천히 힘 있게 말아준다. ② 다음으로 엄지손가락을 오므려 손가락의 둘째마디에 붙이고 최대한 단단하게 모양을 만든다.

Q. 044 ③

기본 준비서기 지도요령에 대해 설명하시오.

기본 준비서기란 나란히서기를 의미하며, 발날등과 발날등 사이에 한 발 너비로 앞을 바라보는 자세의 서기를 기본 준비서기라고 한다. 보통 태극 1장의 '차렷, 준비' 할 때 서기를 기본 준비서기로 칭한다.

보충

- 두 발을 같은 꼴로 선 자세
- 두 다리의 무릎은 곧게 펴고, 몸의 중심은 한가운데 놓으며, 발날등이 서로 마주 보도록 하는 서기

Q. 045 ③

태권도 기술 중 서기의 종류에 대해 설명하시오.

서기란 공격이나 방어 기술을 수행하려고 지면을 발로 지탱하는 자세이다. 즉, 몸의 중심이동과 방향전환을 효율적으로 수행하려고 지면을 발로 지탱하는 여러 자세이다.

보충

- **제자리에서 서기:** 모아서기, 꼬아서기, 학다리서기, 오금서기, 곁다리서기
- **옆으로 넓혀 서기:** 나란히서기, 주춤서기, 모서기, 옆서기
- **앞뒤로 넓혀 서기:** 앞서기, 앞굽이, 뒷굽이, 범서기

모아서기	두 발날등을 완전히 맞대고 두 무릎은 곧게 편 자세
기본 준비서기 (나란히서기)	두 발의 너비가 한 발 길이 정도로 서로 마주 보고 있는 자세
주춤서기	두 발의 너비를 두 발 길이 정도로 하여 다리를 약간 굽히며 주춤거리듯 서 있는 자세
앞서기	앞으로 한 걸음 내디뎌 선 자세
앞굽이	체중을 앞다리에 실은 자세
뒷굽이	체중을 뒷다리에 실은 자세
범서기	체중은 뒷발에, 앞발은 바닥에 살짝 올려놓기만 한 자세
곁다리서기	한쪽 다리를 구부려 체중을 싣고 다른 발로는 중심을 잡는 자세
꼬아서기	몸을 앞, 뒤, 옆으로 움직이거나 돌 때에 두 발이 서로 교차하며 만들어지는 자세
옆서기	나란히 서기에서 오른발이나 왼발을 직각으로 튼 자세
학다리서기	한쪽 무릎을 굽혀 낮추고, 다른 발을 끌어 올려 발날등을 무릎 안쪽이나 오금 가까이에 놓은 자세

모아서기

나란히 서기

주춤서기

앞서기

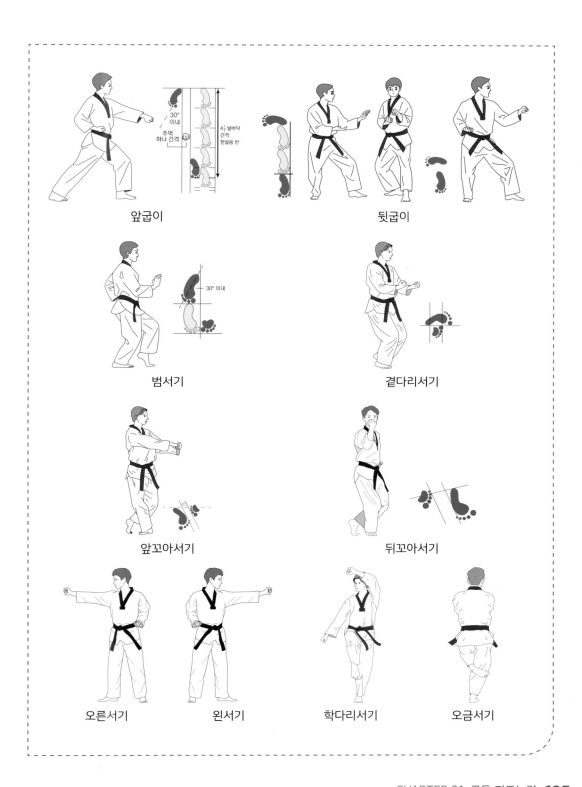

앞굽이

뒷굽이

범서기

곁다리서기

앞꼬아서기

뒤꼬아서기

오른서기

왼서기

학다리서기

오금서기

Q. O46 ⑬

태권도 기술 중 지르기에 대해 설명
하시오.

주먹으로 목표물을 가격하는 기술을 말한다.

보충

큰 충격을 주고자 주먹으로 목표물을 지르는 기술이다. 주먹, 편주먹, 집게주먹 등으로 상대방의 급
소를 공격하는 기술이다.

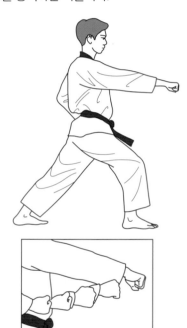

① 장골능 위 허리선에 팔목을 붙인다.
② 허리 회전과 함께 젖힌주먹으로 출발한다.
③ 세운주먹으로 전환된다.
④ 팔꿈치 관절을 구부려 바른주먹으로 가격한다.
⑤ 팔꿈치 관절을 뻗어 깊숙이 지른다.

• 지르기 요령(정권 지르기)
- 어깨를 자연스럽게 편 상태에서 지르는 주먹은
  주먹 등을 아래로 하고 허리(장골능 윗부분)에 갖
  다 대며, 반대편 주먹은 주먹 등을 위로 하고 목표
  앞에 팔굽을 자연스럽게 편 상태로 위치시킨다.
- 겨드랑이가 벌어지지 않은 상태에서 허리의 반동
  을 최대한 이용해 직선으로 양 어깨의 정 가운데
  목표 높이로 지르는 동시에 반대편 주먹을 빠르
  게 당긴다. 당기는 주먹은 목표와 일직선상에서
  빠르게 당겨 허리에 갖다 놓는다.
- 지르는 동안 주먹을 안쪽으로 틀어(회내) 등주먹
  이 아래에서 위를 향하게 하는 동시에 굽혔던 팔
  굽을 펴면서 뻗는 힘으로 행한다.
- 상대의 목표(얼굴, 몸통, 아래)를 정확하게 주먹으
  로 직각이 되도록 가격한다.
- 측면에서 봤을 때 어깨가 제자리에 있게 하는 것
  이 원칙이나 지를 때 약간 어깨가 앞으로 나가는
  것도 허용한다.

Q. 047 ⓪³

태권도 기술 중 찌르기에 대해 설명하시오.

손끝으로 상대방의 급소를 가격하는 기술이다.

보충

찌르기

지르기 기술과 팔의 움직임은 같지만 사용부위를 손끝과 같이 면적이 좁은 부위를 활용해서 상대방의 급소에 강한 충격을 전달할 수 있는 기술이다.

편손끝찌르기

Q. 048 ③

태권도 기술 중 치기에 대해 설명하시오.

몸의 회전력을 이용하여 목표물을 치는 기술이다.

보충

치기

팔굽을 굽혔다 펴거나 굽힌 채로 몸의 회전력을 이용하여 목표물을 가격하는 기술로서, 지르기, 찌르기, 찍기를 제외한 손으로 하는 모든 공격기술이다.

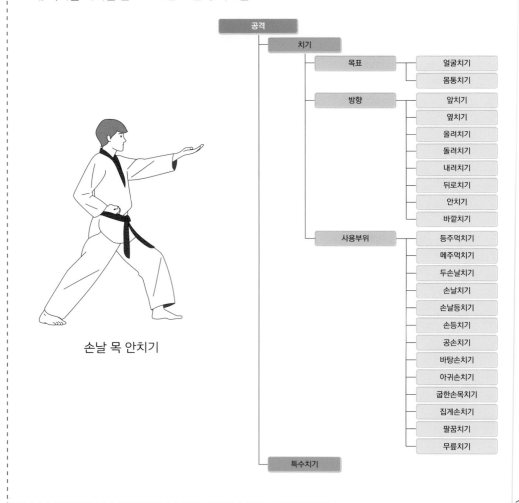

손날 목 안치기

공격			
	치기	목표	얼굴치기
			몸통치기
		방향	앞치기
			옆치기
			올려치기
			돌려치기
			내려치기
			뒤로치기
			안치기
			바깥치기
		사용부위	등주먹치기
			메주먹치기
			두손날치기
			손날치기
			손날등치기
			손등치기
			공손치기
			바탕손치기
			아귀손치기
			굽힌손목치기
			집게손치기
			팔꿈치기
			무릎치기
	특수치기		

Q. 049 ③

태권도 기술 중 차기에 대해 설명하시오.

다리를 뻗거나 돌려 발로 목표물을 가격하는 기술이다.

보충

차기

자신의 앞에 있는 상대방을 발로 가격하여 제압하기 위한 기술로서 무릎을 굽히거나 펴는 힘 또는 다리를 휘두르는 힘으로 공격하는 기술이다.

Q. 050 ③

태권도 기술 중 앞굽이에 대해 설명하시오.

앞으로 한 발 내디뎌 체중을 앞다리에 실은 자세를 뜻한다.

보충

앞굽이

몸의 중심을 앞으로 이동시켜 지지하고 있는 앞쪽 다리에 체중을 많이 실은 자세이다.

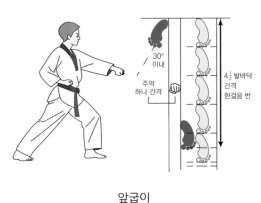

앞굽이

• 자세
① 두 발의 간격은 한 걸음 반 정도로 한다.
② 발끝과 발끝은 한 발 길이의 너비로 한다.
③ 앞발의 발끝이 앞을 향하게 선다.
④ 몸을 반듯하게 하고 서서 땅을 내려다 봤을 때, 앞에 있는 무릎과 발끝이 일치되도록 무릎을 굽혀 몸을 낮춘다.
⑤ 뒷발의 내각은 30° 정도가 되게 선다.
⑥ 뒷다리의 무릎을 펴며 체중의 2/3를 앞에 둔다.
⑦ 몸을 반듯하게 세우고 몸통은 뒤쪽으로 30° 정도로 튼다.

Q. 051 ⑬

**태권도 기술 중 범서기에 대해 설명
하시오.**

앞서기 자세에서 무릎을 맞닿을 정도로 붙이며 낮춘 자세
이다.

보충

범서기

앞뒤 방향으로의 작고 큰 움직임을 쉽게 하려는 자세로서 두 무릎을 서로 맞닿을 정도로 붙인 상태
에서 앞발의 뒤축과 뒷발의 앞축을 서로 비슷한 선상에 놓은 후 앞발의 뒤축은 땅에 닿지 않도록 띄
우고 체중은 거의 뒷발에 실은 자세이다.

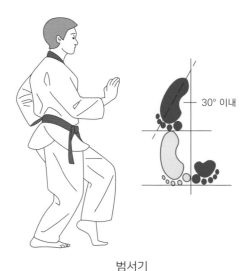

30° 이내

범서기

• 자세
① 모아서기에서 오른발을 30° 정도의 각으로
넓혀 서며 왼발을 오른발 끝에서 한 발 길이
로 내딛는다.
② 체중을 뒷발에 싣고 뒷발을 내려다 봤을 때
무릎과 발끝이 일직선이 되게 한다.
③ 앞에 있는 왼발의 발목을 펴고 발끝 또는 앞
축만 가볍게 딛고 무릎을 약간 안으로 튼다.
④ 아랫배에 힘을 주며 체중은 뒷발에 100%
싣는다.

Q. 052 ③

태권도 기술 중 주춤서기에 대해 설명하시오.

두 발의 너비를 두 발 길이 정도로 하여 다리를 약간 굽히며, 주춤거리는 듯 서 있는 자세이다.

보충

주춤서기

두 다리의 무릎은 내려다봤을 때 무릎과 발끝이 일치되게 굽혀 서며, 몸통은 반듯하게 하고 두 무릎과 정강이를 반듯하게 세운다.

주춤서기

• 자세

① 발과 발의 너비는 두 발 길이 정도로 선다.

② 발날등이 서로 나란히 되게 한다.

③ 몸통을 반듯하게 하고 두 무릎을 굽히는데, 서서 땅을 내려다 봤을 때 무릎과 발끝이 일치되도록 하고, 정강이를 반듯하게 세운다.

④ 무릎(정강이)은 안으로 조이듯 한다(또는 밖으로 밀어내듯 한다).

Q. 053 ③

태권도 기술 중 뒷굽이에 대해 설명하시오.

체중이 뒷다리에 많이 실리므로 뒤로 이동하는 데 편리하여 방어에 많이 사용된다. 모아서기에서 한 발을 앞으로 세 발을 옮긴 뒤 뒷발을 90°로 들어 2/3의 중심을 뒷발에 두어 몸을 낮춘다. 이때, 몸의 중심무게가 많이 실린 발을 중심으로 오른 뒷굽이, 왼 뒷굽이로 구분한다.

보충

뒷굽이

앞뒤 방향으로의 작고 큰 움직임을 쉽게 하려는 자세로서 두 무릎을 서로 맞닿을 정도로 붙인 상태에서 앞발의 뒤축과 뒷발의 앞축을 서로 비슷한 선상에 놓은 후 앞발의 뒤축은 땅에 닿지 않도록 띄우고 체중은 거의 뒷발에 실은 자세이다.

뒷굽이   뒷굽이 정면

오른뒷굽이 측면

• 자세

① 모아서기에서 오른발 뒤축을 축으로 앞 축을 90° 되게 벌려 선다.

② 오른발 90° 벌려 선 데서 왼발 "한 걸음" 길이로 앞으로 내디디며 몸을 반듯하게 세우고 두 무릎을 굽혀 몸을 낮춘다.

③ 몸을 낮출 때 오른다리 무릎은 오른발 끝 방향으로 지면과 60~70° 되게 충분히 굽히고 왼다리 무릎은 정면(왼발 끝 방향)으로 지면에서 100~110° 가량 되게 약간 구부린다. 역시 두 무릎도 90°가 되게 하여야 하며, 앞 주춤서기 때와 같이 무릎을 안으로 조이면 안 된다.

④ 체중은 오른발에 2/3가 있게 한다.

Q. 054 03

안팔목과 바깥팔목에 대해 설명하시오.

주먹을 앞으로 질렀을 때, 엄지손쪽 팔목이 안팔목이며, 새끼손의 바깥라인의 손목이 바깥팔목이라고 하며, 공격과 방어에 활용된다.

보충

두 다리의 무릎은 내려다봤을 때 무릎과 발끝이 일치되게 굽혀 서며, 몸통은 반듯하게 하고 두 무릎과 정강이를 반듯하게 세운다.

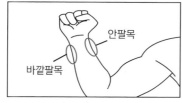

안팔목/바깥팔목

안팔목 바깥치기

얼굴막기

바깥팔목 몸통막기

Q. 055 03

태권도 수련의 목적은 무엇인지 설명하시오.

태권도 수련의 목적으로는 정신수양, 체육(건강, 양생)기능 향상, 격기기능 배양 등이 있다.

Q. 056 ③

태권도 기술 중 특수품에 대해 설명하시오.

특수품이란 전신의 신체부위가 유기적으로 연계되어 하나의 동작을 이루도록 습득하는 형태를 말한다. 공격과 방어의 기능을 행할 수 있는 동작이나 동작을 수행하기 위한 예비품, 그리고 체육적 기능(근력 향상, 가동범위 증가 등)이 내포되어 있다.

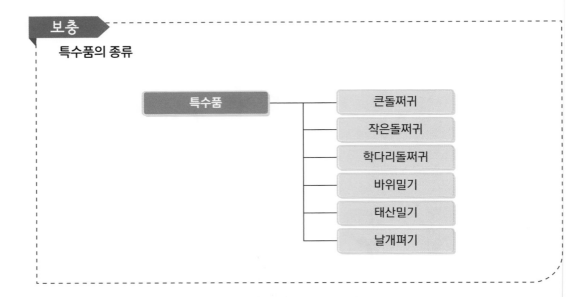

> **보충**
>
> **특수품의 종류**
>
> 특수품
> - 큰돌쩌귀
> - 작은돌쩌귀
> - 학다리돌쩌귀
> - 바위밀기
> - 태산밀기
> - 날개펴기

Q. 057 ③

특수품은 반드시 동작과 호흡이 일치하도록 진행하면서 전신을 이완한 상태로 동작의 흐름에 맞추어 자세를 만들어야 한다. 특수품의 3가지 수련 목적은?

① 공격과 방어의 일치
② 준비자세 및 연결동작
③ 근력 및 가동범위의 향상을 위한 수련

Q. 058 ③

유단자 품새의 품새선에 대해서 아는 대로 설명하시오.

고려-선비 사(士), 금강-뫼 산(山), 태백-장인 공(工), 평원-한 일(一), 십진-열 십(十) 지태- 한글 모음(ㅗ), 천권- 한글 모음(ㅜ), 한수-물 수(水), 일여-불교 만(卍)

보충

유단자 품새의 품새선과 뜻의 의미

고려 (士)	一부터 十까지의 발전과 수렴의 과정
금강 (山)	중심을 기준으로 좌·우의 힘이 발산
태백 (工)	하늘과 땅의 기운을 받아 단련된 사람
평원 (一)	스스로 일어설 수 있는 자립의 의미
십진 (十)	세상 만물이 생겨나고 사라져가는 과정
지태 (ㅗ)	무아의 경지에서 동작을 수련하는 의미
천권 (ㅜ)	지행일치의 경지를 터득하기 위해 수련
한수 (水)	혈도가 열리고 경락이 유통되는 경지
일여 (卍)	궁극의 깨달음으로 진입하는 것

Q. 059 ③

고려 품새의 사상적 의미와 주요 동작에 대해 설명하시오.

고려 품새의 사상적 의미

- **품수**: 30품수
- 선배(선비)를 의미하며 선배는 강력한 상무정신과 곧은 선비정신을 나타냄
- '고구려-발해-고려'로 이어지는 선배(선비)의 얼을 바탕으로 품새 구성
- 품새선은 士자로 고려 품새의 의미인 선배(선비)의 표상

고려 품새의 주요 동작

- **준비서기**: 통밀기, 손의 위치가 인중 앞으로 오며, 정신통일을 중요하게 생각하는 서기
- **새로 나온 동작**: 거듭 옆차기, 손날바깥치기, 손날아래막기, 아금손앞치기(칼재비), 아금손눌러꺾기, 헤쳐막기, 표적지르기, 편손끝젖혀찌르기, 바탕손눌러막기, 팔굽거들어옆치기, 메주먹표적치기

보충

고려 품새 채점기준(KTA 2024 태권도 품새 경기규칙)

품 구분	기준점	표현력	주요 감점사항
거듭 옆차기	• 첫발은 무릎 높이, 둘째 발은 얼굴 높이 이상으로 찬다.	거듭 옆차고 옆은 손날 바깥치고 몸통 지르고 안막기 (양쪽) 동작까지	• 첫발이 돌려차기 형태로 차는 행위 • 첫발이 바닥을 차는 경우 • 두 동작이 연속되지 않는 경우 • 옆차기 시 한손이 장골능(허리) 아래로 내려가는 경우
앞차고 칼재비	• **시작점**: 장골능(허리) • **끝점**: 목 높이 • **형태**: 아귀손 • **앞차기**: 칼재비한 손을 당기며 앞 찬다.	앞차고 칼재비하고 무릎 꺾기까지	• 칼재비를 바탕손 형태로 하는 경우 • 칼재비한 팔을 편 채로 차는 경우

품 구분	기준점	표현력	주요 감점사항
아금손 무릎꺾기	• **시작점**: 명치 선 • **끝점**: 아래 • **반대손 위치**: 팔꿈치 • 아래 손은 팔꿈치 아래 주먹 하나 간격으로 위치한다. • 무릎 꺾기한 손은 중앙에 위치한다.		• 아금손이 제대로 되지 않고, 손목이 꺾인 경우 • 당기는 손이 꺾는 팔의 팔꿈치를 지나 너무 깊게 들어가는 경우
안 팔목(몸통) 헤쳐막기	• **시작점**: 양팔이 가슴 높이에서 교차하여 헤쳐 막는다. • **끝점**: 높이-어깨 높이/너비-어깨 너비	안 팔목(몸통) 헤쳐 막기부터 편 손끝 젖혀 찌르기까지	막기 시 양손을 앞으로 치는 듯이 하는 경우
표적 지르기	• **높이**: 명치 높이에 맞춘다. • 팔을 곧게 편다(주먹등이 위로 향한 상태).		• 명치를 벗어난 경우 • 세운주먹으로 지르는 경우
앞꼬아서기 옆차기	• 옆차기와 표적 지르기한 손을 당김과 동시에 옆 찬다.		당기는 손이 작은 돌쩌귀 형태를 취하지 않을 경우
편 손끝(아래) 젖혀찌르기	• 옆차기한 발이 바닥에 닿는 순간 젖혀 찌른다. • 찌른 손은 단전 높이로 한다.		시작점에서 손등이 아래 방향으로 있을 경우
바탕손 눌러막기 팔굽거들어 옆치기	• 앞서기로 바탕손 눌러막기 후 연속해서 팔굽거들어 옆치기를 한다. – 눌러막기: 명치 높이 – 팔굽치기: 가슴 높이	바탕손 눌러 막기 시 앞서기의 형태가 명확하여야 함	• 눌러막는 바탕손이 명치에서 벗어나거나 앞서기 이외의 서기로 하는 경우 • 눌러막기를 바탕손으로 쳐내는 경우
메주먹(아래) 표적치기	두 손이 머리 위에 있을 때 발을 모아서고 두 손이 어깨선에 왔을 때 왼주먹을 말아 쥐기 시작하여 메주먹(아래)표적치기를 한다(8초 정도).	메주먹(아래) 표적치기부터 칼재비까지	• 팔굽이 완전히 펴진 경우 • 메주먹치기 시, 치는 형태가 표현되지 않을 경우
손날 안치고 손날 내려 막기	두 손을 반드시 교차해야 한다. (손날이 목 높이, 중심선에 있어야 한다.)		

Q. 060 ③

고려 품새에서 거듭옆차기 지도요령에 대해 설명하시오.

- 거듭옆차기란 한쪽 발로 목표물을 거듭하여 차는 발차기 기술이다.
- 한쪽 발을 땅에 디딘 채, 반대 발로 같은 기술을 두 번 이상 거듭 차는 기술로 첫 발은 무릎 높이, 둘째 발은 얼굴 높이 등을 찬다.

Q. 061 ③

금강 품새의 사상적 의미와 주요 동작에 대해 설명하시오.

금강 품새
- 금강(金剛)이란 더 할 수 없는 강함과 무거움을 의미
- 강함과 무거움은 한반도의 정기가 모인 영산인 금강산과 부처의 호법으로 음양의 두 신장(神將)
- 무술 중 가장 세다는 금강역사 가운데 더욱 강맹하고 파괴되지 않으며, 남성을 상징하는 금강을 나타냄
- 품새선은 山, 웅장함과 안정성을 뜻함
- 가운데의 수직선은 몸의 중심축인 척추를 나타내며 좌, 우의 짧은 수직선은 몸의 중심선을 기준으로 왼쪽이나 오른쪽으로 비틀면서 발산하는 힘을 가리킴
- 품새의 수련 시 동작은 힘 있고 강하게 중심을 안정시켜 천천히 행하여 힘을 길러야 하며 유단자의 위용이 나타나야 함
- 새로 나온 기술: 바탕손앞치기, 손날안막기, 금강막기, 산틀막기, 큰돌쩌귀, 학다리서기

> **보충**

금강 품새 채점기준(KTA 2024 태권도 품새 경기규칙)

품 구분	기준점	표현력	주요 감점사항
안 팔목(몸통) 헤쳐막기	• **시작점**: 양팔이 가슴 앞에서 교차하여 헤쳐 막는다. • **끝점**: 높이-어깨 높이/너비-어깨 너비 • 모든 헤쳐막기는 움직이는 발의 손이 밖에서 교차하여 막는다.		막기 시 양손을 앞으로 치는 듯이 하는 경우

품 구분	기준점	표현력	주요 감점사항
바탕손(턱) 앞치기	• **시작점**: 장골능 • **끝점**: 바탕손의 높이는 턱 높이, 손끝은 45°비튼다. • 두 손이 머리 위에 있을 때 발을 모아서고 두 손이 어깨선에 왔을 때 왼주먹을 말아 쥐기 시작하여 (아래)표적치기를 한다(8초 정도).	앞굽이 형태가 명확하여야 함	바탕손 바닥이 위로 오는 행위
손날(몸통) 안막기	• 막는 손과 딛는 발은 동시에 이루어진다. • 손날 (몸통) 안막기 시 막는 손이 몸 중심선에 있어야 한다.	뒤로 물러 딛기 시 중심 이동과 지지하는 축의 회전이 동시에 이루어져야 한다.	• 막기가 몸의 중심선 밖에서 멈출 경우 • 손날 (몸통) 안막기 시 손과 발이 일직선상에 있는 경우 • 손날 (몸통) 안막기 한 후 손날 안막기한 손을 풀지 않고(회전) 당기는 행위
금강막기	아래막기와 얼굴막기를 서서히 동시에 교차한다(금강막기 시작점부터 8초 정도).	금강막고 큰 돌쩌귀 후 산틀막기(양쪽) • 금강막기와 시선이 동시에 끝나야 함	• 금강막기가 몸의 측면선을 벗어난 경우 • 당기는 발을 바닥에 끌면서 들어 올리는 경우
학다리서기	• 중심 발은 주춤서기 높이로 한다. • 붙이는 발은 발날등을 무릎이 안쪽에 자연스럽게 힘을 빼고 붙인다. • 든 발에 무릎이 앞을 향하도록 조여야 한다.		• 서기에 무릎이 펴지는 경우 • 든 발의 내측을 지지축 무릎 내측에 붙이지 않는 경우 • 무릎이 벌어지는 경우 • 무릎 위에 걸치는 경우 • 뒷발을 먼저 돌리는 경우 • 발을 끌어서 들어 올리는 경우
큰돌쩌귀	• 높이-명치와 가슴선 중간 • 위아래 주먹이 일직선상에 놓이게 한다. • 위 손은 가슴과 주먹 하나 간격을 둔다.		• 큰돌쩌귀한 위아래 주먹이 일직선상에서 지나치게 벗어날 때 • 위 손이 가슴과 주먹 하나 간격보다 지나치게 벗어날 때

품 구분	기준점	표현력	주요 감점사항
돌아 큰돌쩌귀	• 주춤서기에서 중심의 높이를 변화시키지 않고 돌아야 한다(한 발 너비로 돌아야 한다). • 축 회전 시, 한 발 간격으로 회전한다.	• 금강막고 큰돌쩌귀 후 산틀막기(양쪽) • 금강막기와 시선이 동시에 끝나야 한다.	• 작은 돌쩌귀로 도는 행위 • 축 회전 시, 제자리 회전 또는 한 발 간격 이상으로 회전할 경우
산틀막기	• 양팔목이 인중 높이에 일치한다. • 허리를 이용해 발날로 짓찧어야 한다. • 발날등은 진행 방향으로 향한다. • 짓찧는 발은 지지발의 무릎 이상 올린다. • 시선은 진행방향을 보아야 한다.		• 두 주먹이 머리 위 또는 턱 아래로 가는 행위 • 등주먹 치기 행위로 표현될 때 • 허리를 이용해 발날로 짓찧지 않는 경우 • 발날등이 진행 방향으로 향하고 있지 않는 경우

Q. 062 02

금강 품새의 학다리서기의 지도요령을 설명하시오.

학이 서 있는 형상에 착안하여 이름 붙여진 용어이다. 무릎을 굽혀 몸의 중심을 낮추고 한 발로만 버티고 선 자세이다. 한쪽 발을 반대쪽 발로 끌어 올려 발날등을 무릎 옆으로 붙혀 한 발로만 서 있는 자세이다.

Q. 063 ⑫

금강 품새의 큰돌쩌귀의 지도요령을 설명하시오.

① 공격 및 방어 기술을 연이어 하기 위한 예비동작이다.
② 돌쩌귀의 암수가 짝(두 가지가 동시에 이루어지는 형상으로 공격과 방어 또는 공격과 공격의 형태로 동시에 이루어지는 형태)을 이루는 모습에서 이름 붙인 동작이다.
③ 두 팔의 움직임은 뒤치기와 돌려지르기를 동시에 수행하는 동작과 비슷하다.
④ 주로 다음 기술을 이어 수행하기 위한 예비 동작으로 쓰인다.
⑤ 큰돌쩌귀와 작은돌쩌귀가 있다.

> **보충**
>
> **돌쩌귀의 형태 유래**
>
>
>
> ※ 돌쩌귀: 경첩, 사립문의 형태로 함께 사용되는 형태(암수)로, 축을 중심으로 대문이 회전하는 모습을 형태를 형상화 함

Q. 064 ③

태백 품새의 사상적 의미와 주요 동작에 대해 설명하시오.

태백 품새

- 태백은 한민족의 고대국가인 단군조선이 개국한 아사달(아씨땅)의 성산인 붉메(밝은 산)를 의미
- 밝은 산은 얼과 전통의 근원과 신성함을 그리고 홍익인간의 사상을 나타냄
- 품새선은 工자로 열린 하늘과 땅 사이를 사람이 올바로 이어주는 개천과 개국을 뜻함
- 품새의 동작은 주로 몸통의 막기와 치기로 구성되어 하늘과 땅 사이에 바로 선 사람을 나타냄
- **새로운 기술**: 손날 헤쳐막기, 엎은 손날잡기, 잡힌 손목 빼기, 금강막기, 등주먹 바깥치기, 작은 돌쩌귀

태백 품새 채점기준(KTA 2024 태권도 품새 경기규칙)

품 구분	기준점	표현력	주요 감점사항
손날(아래) 헤쳐막기	• 범서기와 손날(아래) 헤쳐막기 • **손의 위치표현**: 몸의 측면선 범		• 손등이 앞을 향하는 경우 • 손날이 앞뒤 허벅지를 벗어나는 경우
손목 제쳐틀며 (몸통)지르기	손목으로 제쳐 내어 상대방의 손목을 잡아당기며 (몸통)지르기를 이어서 한다.	손목 제쳐 틀며 (몸통)지르기	팔꿈치가 축이 되지 않고 손목만 사용하는 경우
안 팔목 금강(몸통) 막기	올려막기와 안 팔목(몸통) 바깥막기 동작이 동시에 이루어져야 한다.	안 팔목 금강 (몸통)막기부터 옆차고 팔굽 표적치기까지	두 주먹이 중심선을 거치지 않는 경우
당겨(턱) 지르기	• **시작점**: 가슴 높이 • **끝점**: 턱 높이(당기는 손은 어깨 높이로 당긴다)		• 당기는 주먹이 어깨를 벗어나는 경우 • 당겨 지르기 할 때 당기는 손의 표현이 정확하지 않았을 경우
(몸통)지르기	• **시작점**: 장골능(허리) • **끝점**: 명치선		지르기 주먹을 허리쪽으로 당기지 않고 바로 지르는 경우
옆차기 팔굽표적치기	• 옆차기와 메주먹치기 형태로 팔을 동시에 뻗어준다. • 팔굽 표적치기는 명치 높이로 한다(표적치기는 허리를 틀어 친다).		• 메주먹치기를 지르기로 하는 경우 • 표적을 끌어 당겨 치는 경우 • 옆차기 시 한손이 장골능(허리) 아래로 내려가는 경우
잡힌 손목 밑으로 빼기	손목을 밑으로 뺄 때 왼발을 옮긴다(시선은 그대로).	중심 발은 주춤서기 높이로 한다.	• 옮겨 딛지 않고 제자리에서 빼거나 발을 사선으로 앞굽이 형태를 취하는 경우 • 빼기 시 시선을 돌리는 경우
등주먹(얼굴) 바깥치기	등주먹 바깥치기는 양손을 교차해서 관자놀이를 친다(보조선 안쪽 어깨선에서 시작해야 한다).		등주먹바깥치기 형태가 아닌 막기 형태를 할 경우

Q. 065 ③

태백 품새에서 팔굽표적치기의 지도 요령에 대해 자유롭게 설명하시오.

① 팔굽표적치기는 21품의 동작이며, 옆차기 공격으로 인해 상대의 열린 급소(명치)를 따라 들어가면서 팔굽으로 상대의 급소를 공격하는 기술이다.
② 경기적인 측면에서는 옆차기와 메주먹치기 형태로 팔을 동시에 뻗어줘야 한다.
③ 팔굽표적치기는 명치 높이로 한다(표적치기는 허리를 틀어서 친다).

Q. 066 ③

평원 품새의 사상적 의미와 주요 동작에 대해 설명하시오.

평원 품새
• 평원은 아득한 사방으로 넓게 펼쳐진 큰 땅을 의미함
• 평원의 품새선을 한 일(一)자로 나타내는 것은 수평선의 무한 연장을 나타냄
• 평원의 지평선은 큰 땅을 의미하며 백제의 영토를 의미함
• 팔굽올려치기, 안팔목거들어 옆막기, 당겨앞치기, 멍에치기, 헤쳐 산틀막기

보충

평원 품새 채점기준 (KTA 2024 태권도 품새 경기규칙)

품 구분	기준점	표현력	주요 감점사항
팔굽올려치기	주먹 안쪽이 귀 옆에 위치한다(팔굽은 턱 높이).		손등이 위로 향하거나 팔꿈치가 열리는 경우
몸돌아 옆차고 손날 거들어 바깥막기	앞차고 몸 돌아 옆차고 손날거들어 바깥막기는 이어서 하여야 한다.	몸돌아 옆차고 손날 거들어 바깥막고 손날 거들어 내려막기까지(양쪽)	몸돌아 옆차기를 뒤차기로 차는 경우
손날 거들어 바깥막기, 손날 거들어 내려막기	서기 높이는 그대로 유지하며 손날 거들어 내려막기를 신속히 한다(손날 거들어 내려막기는 머리 위로 크게 돌려한다).		• 손날 거들어 바깥 막기의 완전한 동작을 취하지 않고 손날 거들어 내려막기를 하는 경우 • 손날 거들어 내려막기를 돌려막지 않고 직선으로 하는 경우

품 구분	기준점	표현력	주요 감점사항
거들어(얼굴) 옆막기	• 거들어(얼굴) 옆막기 동작은 외산틀 막기와 동일(팔목은 인중 높이) • 거들어 주는 손은 가슴 높이로 한다.	거들어 얼굴옆 막기부터 등주 먹 앞치기까지	얼굴 옆 막는 손이 인중을 지나지 않는 경우
멍에치기	• 옮겨 딛는 발에 중심을 둔다. • 두 무릎을 구부린다. • 양 팔꿈치는 가슴선에 직선으로 친다. • 주먹은 가슴에 위치한다.		• 앞발의 뒤축을 드는 경우 • 두 발이 지면에 닿는 경우 • 팔꿈치를 어깨선 이상으로 올리거나 뒤로 나가는 경우 • 교차손이 바뀌는 경우
헤쳐산틀막기	막은 상태에서 두 팔목의 높이는 인중 높이에 위치한다.		• 등주먹치기 형태로 하는 경우 • 두 주먹이 얼굴을 지나서 헤쳐 막지 않는 경우
학다리서기 금강막기	학다리서기 금강막기와 작은돌쩌귀를 빠르게 진행해야 한다.		
당겨(턱)앞 치기	• 반대 팔은 편 상태에서 어깨 높이로 한다. • 등주먹 앞 치는 손은 어깨 위에서 시작하여 등주먹치기는 인중 높이로 한다.	거들어 얼굴 옆막기부터 거들어 등주먹 앞치기 양쪽	• 두 번째 등주먹치기를 어깨 위에서 시작하지 않고 겨드랑이에서 시작하는 경우 • 발을 두 번 다 구르는 경우 • 등주먹 앞치기를 안막기처럼 하는 경우
옆차고 팔굽표적치기	• 옆차기와 메주먹치기 형태로 팔을 동시에 뻗어준다 • 팔굽표적치기는 허리를 틀어 하여야 하며 표적은 명치 높이로 한다.	옆차기 후 팔굽표적치기	• 발차고 놓을 때 균형이 무너질 경우 • 옆차기 시 한 손이 장골능(허리) 아래로 내려가는 경우

Q. 067 ③

평원 품새에서 멍에치기에 대해 지도요령을 설명하시오.

- 멍에치기란 당겨 턱치기 후 가까운 가상의 적을 동시에 양 팔굽으로 좌·우 공격하면서 이어가는 양 팔굽치기 기술이다.
- 구체적으로 팔굽치기의 공격부위는 상대방의 가슴선 높이로 직선으로 공격하며, 중심을 앞꼬아서기로 옮겨 딛는 발에 중심을 둔다.

보충

멍에치기의 형태 유래

- 멍에: 소나 말의 목에 가로 얹는 둥그렇게 구부러진 막대
- 멍에치기: 멍에의 형태를 표상한 기술 형태

Q. O68 ③

십진 품새의 사상적 의미와 주요 동작에 대해 설명하시오.

십진 품새
- 십진은 십장사상에서의 십장생을 의미함
- 십장생: 해, 달, 산, 물, 돌, 소나무, 불로초, 거북, 사슴, 학
- 품새선은 十자로 십장생의 사상근본과 십진법에 의한 무한대의 숫자 형성 그리고 무궁한 발전을 뜻함
- 황소막기, 안팔목손바닥거들어바깥막기, 엎은손끝찌르기, 손날아래막기, 바위밀기
- 새로운 동작: 손날등 헤쳐막기, 끌어올리기, 쳇다리 지르기, 손날 엇걸어 막기, 손날등 거들어 바깥막기

보충

십진 품새 채점기준(KTA 2024 태권도 품새 경기규칙)

품 구분	기준점	표현력	주요 감점사항
황소막기	• 시작점: 단전에서 주먹등이 아래로 향하게 한다. • 끝점: 두 주먹은 얼굴막기 높이, 주먹 사이 간격은 주먹 하나(시선은 정면) (5초 정도) • 두 주먹을 양 옆으로 한 뼘 정도 벌린다.	황소막기부터 옆지르기까지 (양쪽)	• 막을 때 팔꿈치가 먼저 들리는 경우 • 막을 때 지나치게 올리는 경우 • 두 주먹이 한 뼘 이상 벗어나는 경우
손바닥(몸통) 거들어 바깥막기	• 시작점: 막는 손과 거드는 손은 몸통 높이 • 끝점: 손바닥(몸통) 거들어 바깥막기와 동일, 거들어주는 손끝은 메주먹 끝(손목)에 위치한다.	손바닥(몸통) 거들어 바깥막기부터 오른 앞굽이 바위밀기까지	거드는 손끝이 메주먹 끝(손목)을 벗어난 경우
편손끝 엎어찌르기	• 서기는 제자리, 주먹은 서서히 편다. • 거든 손끝은 등팔목까지 올린 후 앞굽이로 전환하여 동시에 편손끝을 찌른다(손동작은 동시에 한다). (5초 정도)		• 두 손의 회전이 일치하지 않는 경우 • 편손끝 전환 시 동시에 이루어지지 않는 경우

품 구분	기준점	표현력	주요 감점사항
헤쳐산틀막기	막은 상태에서 두 팔목의 높이는 인중 높이에 위치한다.		• 등주먹치기 형태로 하는 경우 • 두 주먹이 얼굴을 지나서 헤쳐 막지 않는 경우
옮겨딛고, 옆지르기	옮겨딛기는 앞 꼬아서기 형태로 하며, 한 손은 눌러막기로 하며 진행 방향으로 당겨 옆지른다.		• 보조손을 펴지 않고 주먹으로 하는 경우 • 앞꼬아서기가 너무 넓게 벌려 지는 경우
바위밀기	• 시작점: 두 손은 반대편 장골능에 위치하고 손바닥이 전면으로 향하게 한다(손바닥 전면). • 끝점: 몸을 틀며 두 손을 대각선 방향으로 얼굴 위까지 밀어 올려 윗 손목을 이마, 아래 손목은 눈 높이로 하며, 이때 자연스럽게 손목은 젖혀지고 팔굽은 약간 구부린다(5초 정도).	바위밀기부터 등주먹 거들어 앞치기까지	• 팔을 밖에서 안으로 미는 경우 • 밑에서 위로 원을 그려서 올리는 경우 • 손목이 젖혀지지 않는 경우 • 팔이 몸통에서 떨어져 미는 경우
손날등(몸통) 헤쳐막기	• 손날등(몸통) 헤쳐막기에서 손끝은 어깨 높이로 한다. • 헤쳐막기는 움직이는 발의 손이 바깥으로 교차하여 행한다.		손날등이 몸 끝선에서 벗어나는 경우
손날아래 헤쳐막기	주먹이 2/3 말아 쥐어 졌을 때 무릎을 펴며 서서히 일어선다.		
끌어올리기	(아래)헤쳐막기에서 앞굽이로 전환하는 동시에 명치 높이로 끌어 올린다(주먹등은 전면을 향하고 아래 배를 지나서 몸통과 팔목 사이는 주먹 하나 너비).		• 끌어올리는 주먹이 몸 뒤에서 시작하는 경우 • 아래에서 위로 끌어올려 막지 않는 경우
쳇다리지르기	• 앞굽이 ① 두 팔꿈치는 펴고, 두 주먹은 같은 높이로 두 주먹 너비로 한다. ② 뒷주먹의 위치는 반대손 팔목 정도에 위치한다.		• 두 주먹의 높이와 간격이 다를 경우 • 작은 돌쩌귀 형태에서 시작하지 않을 경우

품 구분	기준점	표현력	주요 감점사항
쳇다리지르기	• 뒷굽이 ① 두 주먹은 같은 높이로 두 주먹 너비로 한다. ② 두 주먹의 위치는 뒷주먹은 반대손 팔뚝에 위치하며 뒤 팔꿈치는 약간 구부린다(두 주먹의 높이는 명치선).		
앞차기 쳇다리지르기	잡아당겨 작은돌쩌귀를 하는 동시에 앞차기를 한다.		손을 당긴 후 차는 경우
등주먹거들어 앞치기 내려짓찧기	• 등주먹 앞치기: 인중 높이 • 거들어주는 손의 팔목은 명치(주먹등은 아래 방향) • 짓찧기와 옮겨딛기는 이어서 한다(발날이 45° 향한다). • 짓찧기는 한 걸음 반 거리만큼으로 내려 짓찧는다.		• 거든 손 주먹등이 위로 행한 경우 • 앞차고 위로 뛰어서 짓찧는 경우
손날 엇걸어 내려막기	• 엇걸어서 장골능에서 시작한다. • 팔목부위로 엇건다.		• 양 허리에서 엇걸어 막기를 한 경우 • 엇건 손 위치가 바뀐 경우

Q. 069 ③

지태 품새의 사상적 의미와 주요 동작에 대해 설명하시오.

지태 품새

• 지태는 땅 위에서 하늘을 향해 두 발을 딛고 선 지상인을 뜻함
• 지상인(地上人)은 영속적 싸움의 과정인 삶을 두 발로 차고 밟고 뛰면서 영위해 나가는 존재임
• 지태 품새는 인간의 생존경쟁 과정에서 나타나는 갖가지 양상을 동작으로 엮은 것임
• 지상인은 삶의 터전인 땅 위에서 두 발로 차고 밟고 뛰는 싸움 과정을 통해 삶을 영위해 나가는 인간을 의미함
• 지태 품새는 사람의 생존경쟁 속에서 나타나는 갖가지 양상을 동작으로 엮은 것

지태 품새 채점기준(KTA 2024 태권도 품새 경기규칙)

품 구분	기준점	표현력	주요 감점사항
올려막기 (몸통)지르기	올려막기와 (몸통)지르기는 서서히 (8초 정도) 힘주어 하며 두 손은 동시에 끝나야 한다.		• 올려 막기 시 팔꿈치가 먼저 올라가는 경우 • 얼굴막기 후, 팔굽을 자연스럽게 내리지 않고 인위적으로 수직으로 세워 내리는 경우
내려막기 손날 올려막기	왼 앞굽이 내려막기 후 오른 뒷굽이 한손날 올려막기로 전환할 때 이어서 빠르게 한다.		서기가 정확하게 전환되지 않을 경우
앞차고 손날 거들어 내려막기 (몸통)바깥막기 올려막기	(몸통)바깥막기와 뒷부분 올려(얼굴)막기는 서서히(8초 정도) 힘주어 하며 두 손의 시작과 끝은 같게 하고 두 손은 가슴 앞에서 교차해야 한다.		
(몸통)안막고 (몸통)거들어 막기	(몸통)안막기 후 연속으로 (몸통)거들어막기를 해야 하며 먼저 막은 손이 거들어 막는 손처럼 보이게 한다.	금강 앞지르기부터 한손날 내려막기까지	
옆 내려막고 작은돌쩌귀 옆차기	표적치기의 위치는 인중이다.	황소 막기부터 아래 막고 지르기까지	• 옆내려막기를 하는 팔이 바깥에서 시작될 경우 • 왼발로 구르면서 오른발로 과도하게 짓찧는 경우 • 발을 동시에 바꾸지 않는 경우 • 발을 뛰면서 바꾸는 경우

Q. 070 ③

지태 품새에서 8초 정도 천천히(등 척성 신전 기술)하는 기술의 종류에 대해 설명하시오.

- 올려막고 몸통지르기(2번 품새동작, 4번 품새동작)
- 몸통 바깥막기(8번 품새동작)
- 얼굴막기(10번 품새동작)

보충

천천히 수행하는 동작

- 모든 동작의 시작점부터 시간 적용

- 5초 정도

품새	서기	품 구분
태극 6장	나란히서기	아래 헤쳐막기
태극 7장	모아서기	보주먹
고려	나란히서기	통밀기
금강	나란히서기	아래 헤쳐막기
평원	나란히서기	손날 아래 헤쳐막기
십진	뒷굽이-앞굽이	(몸통)안팔목 손바닥 거들어 바깥막고 편손끝 엎어 찌르기
	앞굽이	바위밀기
천권	뒷굽이	손날 외산틀막기
	범서기	태산밀기

- 8초 정도

품새	서기	품 구분
태극 8장	앞굽이	당겨 턱지르기
고려	모아서기	메주먹 아래 표적치기
금강	학다리서기	금강막기
십진	주춤서기	손날 아래 헤쳐막고 주먹 쥐고 일어서기까지
지태	앞굽이	얼굴막기 다음 몸통 바로지르기
	뒷굽이	몸통 바깥막기
	앞굽이	얼굴막기
천권	모아서기	날개펴기
	앞굽이	한손날 비틀어막기에서 발을 내디며 손을 감아 잡 아끌면서 몸통 바로지르기

Q. 071 ③

[*1급 생활·전문] 천권 품새의 사상적 의미와 특징에 대해 설명하시오.

천권은 만물의 근본이며 우주 그 자체이기도 한 하늘이 가진 무한한 능력을 의미하는데, 그 능력은 창조하고, 변화시키며, 완성시켜나가는 힘이다.

보충

천권 품새 채점기준(KTA 2024 태권도 품새 경기규칙)

품 구분	기준점	표현력	주요 감점사항
날개펴기	헤쳐 막는 동작을 크게 원을 그리며 한다(8초 정도).		헤쳐내는 동작을 하지 않는 경우
솟음지르기	• 밤주먹을 장골능(허리)에서 손등을 위로 하여 젖혀 치지른다. • 범서기로 딛는 순간 손동작도 이루어져 한다. • 솟음지르기는 턱 높이여야 한다.		• 솟음주먹이 젖혀 지르기가 되지 않는 경우 • 뒷굽이로 하거나 손과 발이 일치하지 않을 경우 • 범서기 딛는 순간 짓찧는 경우
손날 비틀어 바깥막기 (몸통)지르기	• 앞굽이 자세에서 허리를 (몸통) 손날 비틀어 바깥막기로 한다. • 당겨 지를 때 서서히(8초 정도) 힘주어 지른다. • 팔과 함께 팔꿈치가 크게 움직이거나 들리지 않아야 한다.		• 뒷발 뒤꿈치가 들리거나 앞발 발끝이 틀어진 경우 • 비틀어막기 시 앞굽이 뒷발을 앞으로 당겨서 하지 않는 경우
		안 팔목 거들어 바깥 막고 지르기(양쪽)까지	
자진발	앞발을 반걸음 밀어 딛는 순간 뒷발을 끌어들이며 앞발을 내딛는다.	안 팔목 바깥 막고 금강옆 지르기까지	• 뒷발을 먼저 움직여 행할 경우 • 뒤축이 먼저 닿을 경우
뛰어 표적차고 금강옆지르기	몸이 뛰어올라 360° 돌아 표적을 찬다(표적을 차기 전에 발이 바닥에 닿으면 안 된다).		• 몸이 공중에 있을 때 표적을 차지 못한 경우 • 이중 동작으로 공중회전을 할 경우
태산밀기	범서기로 서면서 바탕손으로 나간 발쪽 손이 아래로 뒷발 쪽 손이 위로 하여 가슴 앞에서 인중과 단전 쪽으로 서서히 (5초 정도) 밀어준다.		• 뒷굽이로 서거나 미는 바탕손이 허리에서 시작하지 않거나 손의 위치가 바뀌어 행할 경우 • 양팔이 펴지지 않는 경우

품 구분	기준점	표현력	주요 감점사항
손날등 (몸통) 헤쳐 막기	나가는 발쪽 손이 밖에서 교차한다.		두 손의 위치가 바뀌는 경우
두 메주먹 옆구리치기	헤쳐 막은 두 팔을 어깨위로 올렸다가 메주먹을 마주보게 하여 옆구리를 친다.		두 주먹 젖혀 지르기를 한 경우
외산틀막고 (몸통)지르기	앞굽이의 형태가 발이 일직선상에서 발끝이 모앞굽이 자세로 하여 외산틀막기를 한 후 이어서 장골능에서 (몸통)지르기를 한다.	외산틀 막고 (몸통) 지르기 -(3회)	• 발을 옮겨 딛지 않고 지르기를 하는 경우 • 두 발 모양이 모앞굽이 자세 되지 않을 경우
거들어 칼재비	눌러 막는 동시에 아금손으로 칼재비를 한다.		칼재비한 손을 바탕손처럼 하였을 경우
곁다리서기 두주먹 젖혀 지르기	뛰어 나가며 곁다리로 서는 동시에 두주먹 젖혀 지르기를 한다.		• 두발이 동시에 뜨는 경우 • 모아서기 또는 꼬아서기 형태로 젖혀지르기를 할 경우 • 곁다리서기 시 뒤축이 과도하게 들릴 경우
안 팔목 표적 내려막기	표적 손은 아랫배 앞에 위치하여 움직이지 않고 안 팔목으로 막는다.		두 팔이 양옆으로 열렸다 막을 경우

Q. 072 02

[*1급 생활·전문] **천권 품새의 날개 펴기에 대해 설명하시오.**

• **날개펴기**: 두 손바닥을 몸의 양쪽으로 동시에 미는 동작이다.
• 두 손을 가슴 앞까지 끌어 올린 다음, 두 손바닥이 몸의 바깥쪽을 향하도록 한 채 양 옆으로 미는 동작이다. 마치 새가 날개를 펴듯이 팔꿈치를 서서히 펴주며 동작을 수행한다.

Q. 073 03

[*1급 생활·전문] 천권 품새의 태산 밀기에 대해 설명하시오.

- **태산밀기**: 두 손으로 큰 산을 미는 듯한 모습의 동작이다.
- 두 손의 모양을 바탕손으로 만들어 앞발 쪽 손끝을 밑으로, 뒷발 쪽 손끝은 위로 하여 가슴 앞으로 천천히 밀어 낸다. 마치 높고 큰 산을 밀듯이 팔꿈치를 서서히 펴주며 동작을 수행해야 한다.

> **보충**
>
> **천권 품새의 날개펴기와 태산밀기**

날개펴기

태산밀기

Q. 074 ③

[*1급 생활·전문] 한수 품새의 사상적 의미와 특징에 대해 설명하시오.

한수 품새

- 한수는 만물의 생명을 키워주는 근원이 되는 한물을 의미
- 한물은 생명의 탄생과 성장, 강함과 약함, 큰 포용력과 융화력 그리고 적응력을 나타냄
- 물은 유연함을 통해 경직된 모든 것을 다 이긴다는 점에서 강하며, 다른 것들과 다투지 않고 조화를 이룬다는 점에서 포용력이 있고, 늘 아래로 흐른다는 점에서 겸손하며, 다른 것들에게 생명을 준다는 점에서 희생하는 존재임

보충

한수 품새 채점기준(KTA 2024 태권도 품새 경기규칙)

품 구분	기준점	표현력	주요 감점사항
손날등(몸통) 헤쳐막기	나가는 발쪽 손이 밖에서 교차한다.		양 팔이 바뀌는 경우
두 메주먹 옆구리치기	헤쳐 막은 두 팔을 어깨 위로 올렸다가 메주먹을 마주보게 하여 옆구리를 친다.		두 주먹 젖혀 지르기를 한 경우
외산틀막고 (몸통)지르기	앞굽이의 형태가 발이 일직선상에서 발끝이 모앞굽이 자세로 하여 외산틀막기를 한 후 이어서 장골능에서 (몸통)지르기를 한다.	외산틀 막고 (몸통)지르기 (세 번)	• 발을 옮겨 딛지 않고 지르기를 하는 경우 • 두 발 모양이 모앞굽이 자세가 되지 않을 경우
거들어 칼재비	눌러 막는 동시에 아금손으로 칼재비를 한다.		칼재비한 손을 바탕손처럼 하였을 경우
곁다리서기 두 주먹 젖혀지르기	뛰어 나가며 곁다리로 서는 동시에 두 주먹 젖혀지르기를 한다.		• 두 발이 동시에 뜨는 경우 • 모아서기 또는 꼬아서기 형태로 젖혀지르기를 할 경우 • 곁다리서기 시 뒤축이 과도하게 들릴 경우
안팔목 표적 내려막기	표적손은 아랫배 앞에 위치하여 움직이지 않고 안팔목으로 막는다.		두 팔이 양옆으로 열렸다 막을 경우

Q. 075 ③

[*1급 생활·전문] **일여 품새의 사상적 의미와 특징에 대해 설명하시오.**

일여 품새
- 일여는 신라의 승려 원효사상의 정수를 의미함
- 일여는 마음과 몸이 하나이면서 원리는 오직 하나뿐이라는 높은 천리를 말하고, 이것은 점이나 선이나 원이 하나가 된다는 것을 뜻함
- 일여 품새는 태권도 수련의 완성단계로서, 모든 기법과 동작이 모양이나 운용을 다르게 배우고 행하지만, 궁극에서는 합쳐지며 나아가 정신과 동작이 일체가 된다는 의미를 함축하고 있음

Q. 076 ②

태극 2장에서 새로 나온 동작을 말해보시오.

얼굴지르기

Q. 077 ③

겨루기 프로그램의 종류는?

맞추어 겨루기, 자유 겨루기, 심상 겨루기가 있다.

보충
- **맞추어 겨루기**: 한 번 겨루기, 세 번 겨루기
- **자유 겨루기**: 경기 겨루기, 연습 겨루기, 미트 겨루기
- **심상 겨루기**: 그림자 겨루기, 상상 겨루기

Q. 078 ③

겨루기 전술이란 무엇인지 설명하시오.

전술이란 경기과정에서 경기 상황의 예측, 판단을 내리고 신속한 행동반응을 실행시켜 상대를 효과적으로 공략하기 위한 하나의 수단이다. 적극적 전술과 소극적 전술이 있다.

Q. 079 ③

겨루기 전술의 최종목표에 대해 설명하시오.

전술을 토대로 인지능력, 기술능력, 심리능력을 향상시켜서 개인의 모든 능력과 기량을 발휘하는 최상의 경기를 수행하고자 함이다.

보충

전술 조직의 요인

Q. 080 ①

태권도 기술체계 5가지를 말해보시오.

기본동작, 품새, 겨루기, 격파, 호신술

Q. 081 ①

태권도 기술 3요소를 말해보시오.

품새, 겨루기, 시범 및 격파

Q. 082 ③

태권도 수련에 요구되는 체력요인에 대해 설명하시오.

태권도 수련에는 근력, 순발력, 민첩성, 평형성, 유연성, 지구력 등이 요구된다.

보충

태권도 수련의 체력요인

근력	근육의 기능을 측정하려 태권도를 수련함에 있어 근육을 발달시키는 관계와 선수의 근 기능을 정확하게 측정함으로써 기능상에 도움을 주는 요소
순발력	수직도와 단거리 질주 등을 측정하여 태권도인에 있어서 필요한 순간적으로 솟는 폭발적인 힘을 측정하고자 하는 것. 근육의 기능과 신경기능을 함께 측정하는 효과가 있는 것
민첩성	신경기능과 근육의 기능을 함께 측정하는 것으로 단시간에 몸을 최대 한도로 움직일 수 있는 능력을 측정하는 것. 태권도 경기에서 가장 필요한 항목이며 많은 측정항목과 개발이 필요
평형성	신체의 감각기능을 측정하는 항목에서 몸의 균형을 불안정한 상태에서 어느 정도 유지할 수 있느냐를 측정하는 것
유연성	신체부위 중 관절기능을 측정하는 것
지구력	호흡 순환기능과 근기능을 함께 측정하는 항목

Q. 083 ③

겨루기의 수련효과에 대해 설명하시오.

호신능력과 기술의 타격을 통해 성취감과 자신감을 얻는다. 또한 신체수련과 단련을 통해 심신수양과 자아실현 및 도의 개념을 터득한다. 겨루기는 정신과 용기를 북돋우고 눈을 민첩하게 단련시키며 상대방의 생각을 알아낼 수 있는 능력을 길러주며 집중력을 길러준다.

보충

겨루기의 수련효과
- 겨루기를 통한 호신능력을 배양할 수 있다.
- 수련을 통한 기술의 타격으로 기술의 완성을 보이며 이는 성취감, 자신감으로 이어진다.
- 태권도는 수련자 자신이 신체수련과 단련을 통해 정신세계를 수양하여 자아실현, 즉 도의 개념을 터득해서 생활에 적용하는 것에 의미를 두고 있다.
- 태권도는 일반 스포츠와 달리 승리 자체만을 중요시 하는 것이 아니라 수련과정을 통해 수련생의 행동과 정신에 긍정적인 영향을 미친다.

Q. 084 ③

겨루기의 기본 유형에 대해 설명하시오.

겨루기는 경기스타일에 따라 공격형, 중립형, 반격형으로 구분하고 있다.

보충

겨루기의 기본 유형
- **공격형**: 발 붙여차기나 뒷발 돌려차기 공격을 중심으로 하는 공격형 발 자세
- **중립형**: 가장 기본이 되는 발 자세로 자신의 신체 능력에 적합하고 앞발과 뒷발 중 어느 발을 사용하든 중심이동이 편리하며 공수전환의 효과가 있는 자세
- **반격형**: 상대선수의 공격에 대비한 반격형 자세

Q. 085 ③

품새 지도 시 유의할 요소를 말해보시오.

- 시선, 호흡
- 강유
- 완급
- 중심
- 이동
- 크기
- 힘의 표출

보충

품새 지도 시 유의점
- **시선**: 자신의 눈높이로 수평을 유지. 평상심을 나타내는 온화하면서도 눈빛이 살아 기품과 기백이 서린 형태 유지. 진행방향을 향함
- **호흡**: 아랫배까지 깊게 쉬는 날숨과 들숨으로 자연스럽게 호흡. 정신과 힘의 집중을 위해 기백이 있는 기합을 함
- **강유**: 힘의 강약, 동작 및 자세의 묵직한 굳셈. 동작 및 자세의 유연성
- **완급**: 느림, 빠름, 경쾌, 둔중
- **중심**: 균형과 안정성
- **이동**: 움직임, 동작의 연결 및 흐름
- **크기**: 모든 동작은 크게 해야 하나 동작의 성질에 따라 크기를 달리해야 함
- **힘의 표출**: 타격력, 절도, 묵직함, 경쾌함

Q. 086 ③

태권도 시범의 목적에 대해 설명하시오.

① 태권도의 정신과 기술의 정수를 보여 태권도의 우수성을 널리 알리고 보급
② 기본동작, 품새, 격파, 호신술, 겨루기 등의 시범을 실연함으로써 태권도의 효능성과 실제성을 바르게 홍보
③ 태권도 기술의 개발로 태권도의 기본적인 요소의 실연과 함께 응용하고, 더욱 발전시켜 보이는 것
④ 태권도의 새로운 기술 개발에 창조적인 역할
⑤ 태권도를 예술적 단계로 승화 · 발전 모색
⑥ 현재의 태권도 시범은 태권도의 모든 것을 관중에게 보여주는 공연 형태의 종합 예술적 형태임

Q. 087 ③

태권도 시범 기획단계 시 시범의뢰자 면담과정에서 체크해야 할 사항에 대해 설명하시오.

① 시범의 목적이 무엇인가?
② 시범의 수행 결정 여부
③ 시범의 방향을 설정하기 위하여 시범을 실시하는 목적을 우선적으로 파악
④ 시범 수행의 유형, 무대공간, 크기, 무대와 관객의 거리, 음향, 천장의 높이 등을 파악
⑤ 시범을 보는 대상은 어떠한 사람인가?
⑥ 관중의 계층과 태권도와 시범에 대한 인지도에 따라 시범의 내용과 난도 구성 여부
⑦ 시범 시간
⑧ 시범을 수행하게 될 장소는 어디인가?

Q. 088 ③

태권도 수련 중 응급상황 시 행동요령에 대해 설명하시오.

현장상황 파악, 119 신고, 119가 올 때까지 응급처치 및 도움을 준다.

응급상황 시 행동요령

- **현장조사(Check):** 직접 목격하지 않았다면 사고의 발생상황과 위험요소들을 즉각적으로 알 수 없으므로 지도자는 현장의 안정 상태, 사고의 유형, 부상자의 수, 주변에 도움을 받을 수 있는 사람, 수련생의 상태와 문제점에 대한 현장조사를 실시해야 함
- **119 신고(Call):** 119에 도움을 요청하는 것은 다친 수련생을 돕기 위한 가장 중요한 행동이므로 지체 없이 신속하게 이루어져야 함(신고자의 이름, 사고 상황, 부상자의 수, 수련생의 다친 상태, 사고현장의 위치 등)
- **처치 및 도움(Care):** 다친 수련생에게 응급처치를 시행하고 돌보는 것은 사고현장의 발견 즉시 시작되어 119구조대에 인계할 때까지 지속적으로 이루어져야 함

Q. 089 02

태권도의 기본동작 14가지에 대해 설명하시오.

기본동작 14가지

발동작	손 기술	
제자리 (2)	① 기본준비서기	② 주춤새지르기
앞굽이 (7)	③ 아래막기(내려막기)	④ 반대지르기
	⑤ 바로지르기	⑥ 몸통막기
	⑦ 얼굴막기(올려막기)	⑧ 손날목치기
	⑨ 등주먹치기	
뒷굽이 (2)	⑩ 바깥막기	
	⑪ 손날막기(손날거들어바깥막기)	
발차기 (3)	⑫ 앞차기	⑬ 옆차기
	⑭ 돌려차기	

Q. 090 ③

태권도 시범 설계 시 구성단계를 말해보시오.

① 시범단의 조직과 훈련, 시범 프로그램의 작성, 격파물 및 소품의 준비 등
② 전반적인 과정을 전체적인 시범 설계의 과정으로 봄
③ 훈련(연습)단계
④ 준비(기획)단계
⑤ 실시단계
⑥ 정리단계

Q. 091 ③

태권도 지도의 정의적 목표에 대해 설명하시오.

정의적 목표는 파괴본능을 발산하고 스트레스를 해소함으로써 정서적 안정 회복, 질서의식, 책임감, 협동심 등 인간이 살아가는 데 필요한 사회적 기술을 습득하는 데 그 목표를 둔다. 크게 심동적 목표, 인지적 목표, 그리고 정의적 목표로 구분한다.

Q. 092 ③

태권도 시범의 목적 세 가지에 대하여 설명하시오.

• 태권도 정신과 기술의 홍보
• 태권도 기술의 개발
• 태권도를 예술적 단계로 승화 · 발전

Q. 093 ③
절대평가에 대해 설명하시오.

국기원 심사, 스포츠지도사 자격증 등과 같이 목표점수에 들면 합격하는 시스템이다. 즉, 절대평가란 수련생들을 평가하는 기준으로서 다른 수련생의 점수가 얼마나 높고 낮은지가 중요하다.

절대 평가	• 절대적인 수치나 기준으로 평가하는 방법 • 점수나 기준 등을 미리 정해 놓고 일정수준(기준) 이상을 합격 또는 적합하다고 평가하는 방법 • 미리 정해진 기준에 부합하면 모두 다 합격 또는 적합 평가 예 국기원 심사, 자격증시험, 운전면허시험 등
상대 평가	• 절대평가의 반대 개념 • 집단을 비교하여 자신의 위치를 평가하는 방법 • 성적이 좋고 나쁨에 관계없이 성적순으로 서열이 정해지는 방법 예 공무원시험, 학교시험성적, 수능 등

Q. 094 ③
태권도 시범의 설계에 있어 시범의 실시 단계에서 유의해야 할 점 여섯 가지를 제시하시오.

• 시범의 시작과 종료 시간 엄수
• 지휘자와 시범단원 상호 간의 호흡 일치
• 힘차고 명료한 구령과 기합
• 관중과 시범자의 안전
• 관중의 눈높이에 맞춘 흥미 유발
• 태권도 정신 발휘

Q. 095 03

태권도 시범의 구성요소에 대해 설명하시오.

시범자, 관중, 연출자, 장소, 격파물, 소도구

보충

태권도 시범의 구성요소
- **시범자**: 시범에서 가장 중추적인 역할 수행, 연령, 성별, 수련경력, 인원 등으로 구성
- **관중**: 시범을 직접 보게 되는 대상으로 관람계층의 성향에 대한 파악이 중요
- **연출자**: 시범단 전체를 지휘, 운영하며 총괄. 지도자로서 창의적인 사고의 소유자
- **장소**: 시범이 실시되는 장소로 관중의 위치(눈높이), 시범공간, 바닥면의 재질에 대한 사전정보 파악이 중요
- **격파물**: 태권도의 위력, 기술발휘에 사용되는 대인간화(對人間化)된 하나의 공격모형, 격파물의 변화는 태권도 기술발전과 밀접한 관계가 있음
- **소도구**: 시범에 부가적으로 사용되는 음악, 음향, 조명, 의상 등

Q. 096 03

태권도 시범 중 착지동작을 강화시키는 방법에 대해 설명하시오.

착지동작은 격파시범의 완성을 의미하며 만약 착지가 불안전할 경우 상해가 일어날 확률이 높고 완벽하지 못한 시범으로 성공했다고 말할 수 없기에 착지훈련은 매우 중요하다.

보충

착지동작 강화 교수법
- 제자리 앞구르기와 같이 쉬운 동작부터 어려운 동작으로 연결하여 지도
- 낙법 구르기는 머리를 보호하기 위한 동작
- 뛰어 앞구르기, 한 사람 넘어 앞구르기는 전방에 장애물이 있다는 전제하에 보다 빠르고 보다 멀리 점프하여 구르도록 지도
- 뜀틀 위에서 뛰어 앞구르기는 전방 장애물을 실전처럼 뛰어 앞구르기 등으로 훈련시키는 것
- 뜀틀이 없을 경우에는 장애물이 될 만한 대체용 물건으로 사용한다.

Q. 097 03

태권도 시범의 격파물 파지법에 대해 설명하시오.

① 격파물 파지법은 한 손으로 잡기(위, 아래)와 두 손으로 잡기, 높이에 따른 잡기(아래, 평행, 위), 각도에 따른 잡기 그리고 이동방향에 따라 격파물의 위치가 다른 두 손으로 잡기로 나뉨

② 한 손으로 잡기는 빠른 속도로 이루어지는 격파나 한 손으로 밖에 격파물을 잡을 수 없는 경우에 사용된다. 나래차기와 같은 동작 또는 탑 위에서 보조하는 경우 격파물과 탑과의 거리 유지를 위해 보조자가 격파물을 최대한 탑과 멀리 잡기 위해 두 손을 쓰기 곤란한 경우에 격파물을 한 손으로 잡을 수 있다.

③ 두 손으로 잡기 보다는 격파물에 대한 고정력이 떨어지므로 보조자의 주의가 요구됨

Q. 098 ③

태권도 시범의 설계 단계에 대해 나열하시오.

연습 단계 → 기획 단계 → 실시 단계 → 정리 단계로 구분한다.

보충

태권도 시범의 설계 단계

- **연습 단계**: 구체적인 시범의 일정이나 계획이 잡혀 있지는 않지만 예상되는 시범에 대비하여 시범단을 구성하고 구성된 인원들의 능력을 점검하여 구성원의 개인별 또는 단체적인 측면에서 요구되는 체력적, 기술적, 심리적인 요소들을 각각의 기준에 맞추어서 준비하는 단계
- **기획 단계**: 시범 실시의 여부를 결정하며, 시범 실시의 결정에 따라서 구체적인 계획을 세워서 준비를 하는 시범을 총괄적으로 기획하는 단계. 시범의뢰자와의 면담을 통하여 시범의 목적과 의도, 시범 진행 시간과 절차, 장소 등을 확인하고 결정. 시범장소를 사전에 답사하여 시범이 진행될 장소에 대한 정보를 확인, 이를 바탕으로 프로그램의 내용을 확정. 프로그램의 확정에 따라서 시범에 필요한 전문적인 연습과 시범에 필요한 격파물, 음향, 의상 등의 소도구 준비
- **실시 단계**: 실제로 관중 앞에서 시범을 실시하는 단계. 시범에 직접 참여하는 단원과 오디오, 소품을 담당하는 역할에 대하여 주지시키고, 실시상황별 체크리스트를 만들어 확인. 시범이 진행되는 가운데 시범자와 또는 시범단원 간의 소통할 수 있는 몸짓, 손짓과 같은 신호(사인)를 개발하여 상호 간 무언의 소통이 이루어질 수 있도록 함
- **정리 단계**: 시범단의 감독은 시범이 끝난 직후 시범에 참여한 전체 단원을 대상으로 시범 전반에 대한 간단한 평가 실시. 전체 회의를 통하여 연습에서부터 시범의 실시 단계에 이르기까지 반성과 비평, 냉정한 평가를 하여, 미비점에 대하여서 단원 각 개인과 전체에 대한 구체적인 보완 프로그램을 제시

노인 스포츠지도사 지도능력

Q. 001 ③
노인운동 프로그램의 목적에 대해 설명하시오.

- 노인의 건강 유지
- 신체 기능의 증진
- 노화의 지연
- 사회적 교류를 통한 친목 도모
- 사회적 역할 감소에 따른 심리적 위축 극복
- 생활의 흥미와 활력소

Q. 002 ③
노인 수련자의 운동 강도를 설정하는 방법을 나열해 보시오.

- 심박 수 이용법
- 운동자각도 이용법
- 1RM 활용법
- MET 활용법

Q. 003 ②
치매 시 태권도 지도방법을 말해보시오.

- 운동 수행을 할 때 특정 사물이나 행동을 만들어 기억할 수 있도록 한다.
- 기억을 못하고 있다는 자괴감에 빠지지 않게 하며, 할 수 있다는 자신감을 심어준다.

Q. 004 ②
노인 관절염환자의 지도방법을 말해보시오.

근육을 강화시킬 수 있는 저강도 중량 운동이나 관절에 무리를 주지 않는 유산소성 운동을 통해 프로그램을 구성하여 지도한다.

CHAPTER 03

장애인 스포츠지도사 지도능력

Q. 001 ③

지적장애인의 운동 시 주의사항에 대해 설명하시오.

- 쉽고 간단하게 신체활동의 개념을 가르쳐 동기유발을 시킴
- 운동을 쉽게 구성하여 성취할 수 있는 빈도를 늘려주고 칭찬을 통해 격려함
- 장기간의 운동이 어렵기 때문에 짧은 시간의 운동을 재미와 흥미를 일으킬 수 있도록 구성

Q. 002 ③

시각장애인의 운동 시 주의사항에 대해 설명하시오.

- 비장애인과 함께 신체 활동을 함으로써 사회적 상호작용과 활동기회 증가에 대한 효과를 얻을 수 있음
- 신체활동 프로그램 시 촉각을 이용하는 것이 좋음
- 운동 감각적 단서를 제공해주고, 활동의 즐거움을 강조하며, 안전하게 활동할 수 있도록 지도함

Q. 003 ③

청각장애인의 운동 시 주의사항에 대해 설명하시오.

- 수어 활용, 구어 및 판서를 통해 소통한다.
- 운동 시 시각적 단서를 제공하며, 지도자는 신체활동과 관련하여 시범을 보이도록 한다.
- 동료 간 사회적 상호작용을 우선시하고, 수련자들 서로가 서로에게 동료교사가 될 수 있도록 지도하도록 한다.

Q. 004 ②

행동장애 지도방법에 대해서 설명하시오.

체력을 강화할 수 있는 프로그램을 실시하고, 정서적 발달을 도모할 수 있는 신체활동을 주로 활용하고 스포츠와 게임을 강조한다.

수업에 관심이 없거나 참여하기 싫어하는 경우 강요하지 않아야 한다. 주의 집중력이 짧기 때문에 짧은 시간을 이용한 다양한 프로그램을 제공하고 수업 전에 오늘 배울 내용과 수업시간에 대해서 설명해주면 좋다.

Q. 005 ②

자폐장애인 지도 시 주의점 세 가지를 말해보시오.

• 의사소통이 어려우므로 언어적 단서를 줄이고 자연스러운 단서를 활용한다.
• 언어적 지도와 비언어적 지도를 병행하며, 사회적 관계 형성을 익히도록 지도한다.
• 환경을 자주 바꾸지 않으며, 언어적 설명보다는 동작을 만들어주고 같은 순서로 반복해야 한다.

평가능력 영역

TAE
KWON
DO

CHAPTER 01   공통 평가능력

Q. 001 ②

태권도심사규정의 목적에 대해 설명하시오.

태권도심사는 태권도 수련자가 자신의 수련정도를 측정, 평가받아 국기원의 태권도 품(단)자격을 취득하기 위한 절차이다.

> **보충**
>
> 국기원 정관 제4조 및 제50조에 의한 국기원 태권도심사 시행, 관리, 운영 등에 관한 사항을 정하여 세계태권도의 심사 체계화 및 표준화를 도모함에 목적으로 한다.

Q. 002 ①

태권도 심사에 대해 설명하시오.

"심사"란 태권도 수련자가 자신의 수련 정도를 측정, 평가받아 국기원의 태권도 품 · 단 자격을 취득하기 위한 절차를 말한다.

Q. 003 ③

태권도 심사 규칙에서 저단자 심사 평가위원과 고단자 심사평가위원은 몇 단의 응시자를 평가하는지 설명하시오.

- 저단자 심사평가위원은 5단 이하의 승품·단 응시자를 평가한다.
- 고단자 심사평가위원은 6단 이상의 승단 응시자를 평가한다.

보충

기관 심사평가위원은 군경 등 특수한 목적을 지닌 단체로서 국기원이 인정한 단체가 시행하는 심사에서 5단 이하의 승단 응시자를 평가한다.

Q. 004 ③

겨루기 골든포인트 제도의 연장전에서의 승자는 어떻게 가리며, 4회전에서 어느 선수도 득점을 얻지 못하였을 경우 어떻게 승자가 결정되는지 함께 설명하시오.

- 연장전에서는 선 득점 2점 이상을 취득하거나 상대방이 2개의 감점을 받았을 때 승자로 선언한다.
- 골든라운드에서 승패를 가리지 못한 경우엔 골든라운드에서 주먹공격으로 1득점을 성공한 선수가 우세승을 거둔다.
- 4회전에서 어느 선수도 득점을 얻지 못하였을 때는 다음의 기준에 따라 우세승을 결정한다.
  1) 연장회전 동안 전자채점 보호구에 기록된 유효타의 횟수가 많은 선수
  2) 유효타가 동수일 때 다득점 회전이 많은 선수
  3) 1~2항이 동수일 경우 1회전부터 4회전까지 누적된 감점의 합이 적은 선수
  4) 위 세 가지 기준이 모두 동일할 경우 주심과 부심이 연장회전의 경기 내용을 평가하여 우세승을 결정한다. 주심과 부심의 우세 판정이 동수를 이루었을 때는 주심이 우세승을 결정한다.

골든포인트승

- 3회전까지 승패를 가리지 못한 경우 1분 휴식 후 4회전 연장전을 실시한다.
- 4회전 연장전을 실시할 경우 3회전까지의 점수 및 벌칙사항은 무효로 처리하고 4회의 점수만으로 판정을 한다.
- 골든라운드 4회전에서 반칙에 의한 파워치가 표출되면 주심은 감점부여 후 손바닥이 앞을 향하게 손을 들어 주먹을 쥐었다 편 후 파워치 무효 사인(표시)을 한다.

Q. 005 ③

영상판독을 신청할 수 있는 상황과 신청할 수 없는 상황을 한 가지씩 설명하시오.

영상판독 신청이 가능한 상황

1) 경기 중 일어나는 득·감점 사항에 대하여 판독을 요청하는 것
2) 지도자는 상대 선수의 득점의 유무와 관계없이 넘어진 행위나, 한계선 밖으로 나가는 행위, 갈려 후 공격, 넘어진 상대 공격에 대해서 요청할 수 있다.
3) 영상판독의 범위는 주심의 경기규칙 적용에서의 실수, 부심에 의해 채점된 득점 및 주심의 벌칙 선언과 관련된 사항이다.
4) 주먹 또는 몸통 득점에 대해서는 영상판독 신청을 할 수 있다.
   ① 몸통 회전이 이용된 기술 득점의 부심 채점 여부에 대해서만 이의를 제기할 수 있다.
   ② 주먹 득점의 시간차는 득점으로 인정한다.

영상판독 신청이 불가능한 상황

1) 판독은 두 가지 행위에 대해서 할 수 없으며, 6초가 벗어난 행위에 대해서 판독신청을 할 수 없다.
2) 판독신청을 받아들이지 않아 판독요청권이 없을 때

보충

영상판독

- 판독은 한 가지 행위에 대해서만 할 수 있으며, 5초 이내에 일어난 행위로 제한한다.
- 경기 중 판독신청이 들어오면 기록원이 즉시 시간을 정지하고 주심에게 알려야 하며, 주심은 영상 판독관에게 즉시 영상판독을 요구한다.
- 영상판독관은 영상을 판독한 후 즉시(30초 이내) 주심에게 최종 판정을 알린다.
- 지도자는 한 경기마다 1개의 영상판독 요청권을 갖는다. 판독요청이 받아들여지고 점수가 시정되는 경우에 코치는 판독요청권을 계속 가질 수 있다.
- 지도자가 영상판독권이 없는 상황에서 3회전 종료 전 10초 이내 또는 골든라운드 회전 도중 부심 중 누구라도 득점, 감점에 이의가 있을 경우 주심을 통해 영상판독을 요청할 수 있다.
- 머리부위는 유효한 공격으로 선수가 비틀거리거나 위험한 상태일 경우 주심이 계수 후 영상판독 신청이 가능하다.
- 주먹에 의한 공격으로 위험한 상태(knock down)가 되면 부심들에 의해 득점 표출이 되지 않았다 하더라도 득점 부위에 대한 정상적인 공격이었다면 즉시 계수를 하고 부심들은 셋을 셀 때 득점을 수신호로 한다.

Q. 006 ⑬

영상판독관의 자격에 대하여 설명하시오.

영상판독관의 자격은 당해 연도 겨루기 경기규칙강습회를 수료하고 영상판독 교육을 필한 자로 아래 조건을 한 가지라도 충족한 자로 자격을 부여한다.

첫째, 본회 겨루기 상임심판 7년 이상 경력 소지자

둘째, 산하 지부, 연맹 겨루기 상임 심판 10년 이상 경력 소지자

셋째, 2급 경기지도자 자격증 소지자로 10년 이상 지도경력이 있는 자

넷째, 대한태권도 협회 발급 심판 자격증 및 국제심판자격증 소지자로 전국대회 입상자

Q. 007 ③

영상판독관의 역할에 대하여 설명하시오.

영상판독관의 역할은 영상판독 요청 시 즉시 비디오를 판독, 검토하여 30초 이내에 결정을 주심에게 알리는 역할을 한다(단 특별한 경우에는 연장할 수 있다).

Q. 008 ③

겨루기에서 주심의 임무 수행 중 점수가 채점되지 않아 부심 한 명이 손을 들면 주심 어떠한 행동을 취해야 하는가?

- 원칙적으로 주심은 채점을 하지 않는다. 그러나 점수가 채점되지 않아서 부심 중 한 명이 손을 들면 주심은 부심들과 회의를 소집하여 2명 이상의 부심이 요청 시 주심은 그 요청을 받아들여 득점으로 인정하며, 3심제의 경우 주·부심 3명 중 2명이 동의할 경우 그 결과를 정정한다. 5심제에서는 부심이 2:2일 때는 주심이 결정할 권한을 갖는다.
- 주심은 언제라도 득, 감점에 이의가 있을 시 부심을 소집하여 협의할 수 있다.

> **보충**
>
> **심판원 주심**
> 경기진행에 관한 주도권을 갖는다.
> - 경기의 시작, 그만, 갈려, 계시, 시간, 승패 선언, 감점 선언, 퇴장 선언을 한다. 모든 선언은 결과가 확인된 후 선언한다.
> - 규정에 따라 판정권을 독자적으로 행사할 수 있다.
> - 선수의 얼굴(앞면)이 강한 타격에 의해 선수가 위험한 상태에 처해 있을 경우 주심 계수 후 주심 영상판독 신청이 없이 득점을 줄 수 있으며 지도자는 이의가 있을 시 영상판독 신청이 가능하다.
> - 선수의 얼굴(앞면)에 정확하게 타격이 가해졌으나 위험한 상태가 아닐 경우는 주심영상판독 신청 후 득점을 확인한다.
> - 필요할 경우 본 규정 제15조에 따라 부심과 함께 골든포인트 회전 후 우세승을 결정한다.

Q. 009 ⑬

겨루기의 득점 분류에 대하여 설명하시오.

- **1점**: 몸통부위 주먹공격
- **2점**: 몸통부위 발공격
- **3점**: 머리부위를 공격한 기술
- **4점**: 몸통부위를 회전을 이용하여 공격한 기술
- **5점**: 머리부위를 몸의 회전을 이용하여 발로 공격한 기술
- 상대 선수가 1회의 감점 선언을 받음으로써 얻어지는 1점

Q. 010 ⑬

공인 품새 경기 시 0.3점 감점인 경우를 설명하시오.
※ 최소 4가지 이상을 설명할 수 있어야 한다.

① 품새의 규정에 없는 동작을 하였거나 규정 동작을 하지 않았을 경우
② 시선이 잘못되었을 경우(진행방향을 보지 않는 경우)
③ 경기 중 동작을 3초 이상 일시 정지하였을 경우
④ 일시 정지 후 처음부터 다시 하는 경우(0.6점 감점) 단, 컷오프경기나, 원바이원 경기에 적용한다.
⑤ 경기 중 두 발이 경기장을 벗어났을 경우
⑥ 기합을 넣지 않았거나 다른 동작에서 기합을 넣었을 경우
⑦ 명확히 큰 실수로 인정되었을 경우(두 발 모두 품새선에서 벗어나거나, 한 발이 길이 이상 벗어나는 경우, 두 발을 모두 뛰어 딛는 경우 등)
⑧ 복합 동작의 경우 과정을 충족시키지 않았을 경우 (빠뜨린 동작 수×0.3점 감점)
⑨ 발바닥 이외에 신체 일부분이 바닥에 닿을 경우
⑩ 시작점과 종료점이 한 발 이상 차이 난 겨우 감점 (1m×1m 벗어난 경우)

Q. 011 03

품새 경기 시 0.1점 감점일 경우를 두 가지 이상 설명하시오.

① 동작의 시작이나 중간 과정이 잘못되었을 경우
② 이중 동작을 하였을 경우(축이 되는 발이 몸의 중심이동 없이 먼저 움직이는 것, 서기 동작과 손동작이 일치되지 않을 경우)
③ 사용부위의 표현이 적절하지 않았을 경우(주먹이나 손날의 손목이 굽혀지거나 젖혀졌을 때, 손을 펴서 하는 손동작의 경우 손가락이 벌어지는 것, 발차기 시 앞축이나 발날의 표현이 부족할 때)
④ 목표점을 벗어났을 경우
⑤ 적절한 서기의 표현이 되지 않았을 경우
⑥ 과도한 예비동작을 하였을 경우
⑦ 동작을 수행하면서 그 과정이나 수행 직후에 중심을 잃었을 경우

> **보충**
>
> 정확도 요구 항목에서 발자세, 손동작 등 국기원 교본 동작 규정에서 경미하게 벗어난 경우

Q. 012 03

공인 품새와 자유품새 경기 중 동점 처리에 대한 우선순위 결정은?

• 공인 품새의 우선순위 결정은 '표현력점수 높은 자 > 정확도점수 높은 자>최고·최저 점수를 포함한 총 점수'의 순으로 승자를 결정한다. 각 차례로 모두 동점일 경우 재경기를 할 수 있다.
• 자유품새의 경우 '기술력>표현력>최고·최저 점수를 포함한 총 점수'의 순으로 승자를 결정한다.

품새의 동점 처리

• 각 차례로 모두 동점일 경우 재경기를 할 수 있다.

• 재경기 시 지정품새 1개 품새를 시연하되 이전에 실시한 품새는 재경기의 점수에 영향을 주지 않는다.

• 재경기 시에도 동점이 될 경우에는 평균점수, 표현력, 정확도, 최고·최저 점수를 포함한 총 점수의 순으로 결정한다.

• 재경기 시에도 모두 동점일 경우 품새를 추첨하여 재경기를 실시한다.

• 컷 오프 방식 예선전의 경우 동점자의 수에 따라 재경기 또는 동점자 전원을 다음 회전에 진출시킬 수 있다.

Q. 013 ③

판정에 의의가 있을 때 품새 소청 절차에 대하여 설명하시오.

• 판정에 이의가 있을 때는 경기종료 후 3분 이내에 경기부에 소청의사를 표하고 소청신청서와 소청료 10만 원을 10분 이내에 제출하여야 한다.

• 심판위원장은 사유 내용을 검토한 후 필요에 따라 해당 관련된 심판을 소환, 청문할 수 있으며, 판정기록지 또는 경기내용의 비디오 판독 등을 검토 후 토의가 끝나면 소청위원의 무기명 투표에 의해 다수결로 가부를 결정한다.

품새의 동점 처리

• **결과처리**: 심의 결과 소청인의 이의가 가결되면 판정번복을 발표하고 해당 심판원의 징계사항은 상벌위원회에서 결정한다. 대회진행을 방해할 목적 또는 다음 경기에 영향을 미치기 위한 방법으로 소청을 제기했을 시 소청자에 대하여 상벌위원회에서 적절한 징계 사항을 결정한다.

• 소청위원회 의결은 최종적인 것이며 어느 누구도 이의를 제기할 수 없다.

• 소청의 대상은 정확도의 동작, 자세, 순서, 기합에 한한다(소청서 작성 시 2개 동작만 명시).

Q. 014 ③

겨루기 경기판정 9가지를 나열하시오.

① 비스포츠맨십 실격승
② 주심 직권승
③ 최종 점수승
④ 점수차승
⑤ 골든포인트승
⑥ 우세승
⑦ 기권승
⑧ 실격승
⑨ 반칙승

Q. 015 ③

겨루기에서 다리를 드는 행위(일명 커트발)에 감점 처리하는 이유를 설명하시오.

겨루기에서 다리를 드는 행위는 상대방 선수에게 위험을 가해 부상을 유발하고, 상대방의 정상적 공격을 방해하고, 경기를 소극적으로 하려는 의도를 가진 행위로 엄격하게 규정을 적용해야한다.

보충

적용사례1
① 앞발을 들었다가 거듭 차거나 연결 발차기를 시도할 경우에는 감점에서 제외
② 공방전 공격 시 허리 아래 공격은 감점에서 제외
③ 2회 허리 아래 공격 시도 후 정상적인 공격 행위가 이루어져도 감점(감점 수신호는 허리 아래 가격)

적용사례2
① 3초 규정을 엄격히 적용
② 상대방의 공격을 방해 또는 방어할 목적으로 발을 드는 경우
③ 한 발을 들었다 내려놓고 연결 공격 동작이 없는 행위
④ 허리 위로 공격 시 상대의 기술동작을 방해할 목적으로 발을 드는 경우
⑤ 한 발을 들고 공격 없이 2회 이상 스텝을 밟은 행위
⑥ 발을 들었다가 내려놓고 스텝을 바꾸거나 사이드스텝을 밟거나 빠른 걸음으로 달려 들어가는 행위

Q. 016 02

경기 결과 판정 9가지 중, 주심 직권 승에 대해 3가지 이상 설명하시오.

주심은 다음의 경우에 주심직권승을 선언한다.
① 선수가 득점 기술에 의하여 쓰러져 주심이 "여덟"까지 계수할 때에도 경기 속행이 불가능한 경우, 또는 계수의 진행에 상관없이 주심이 경기 속행이 불가하다고 판단했을 때
② 선수가 1분의 응급처치 시간 후에도 경기 속행에 임하지 않을 때
③ 선수가 주심의 3회의 경기 속행 지시("일어서")에 따르지 않을 때
④ 주심이 선수의 안전을 위하여 경기를 중단시켜야 한다고 판단했을 때
⑤ 의료진이 선수의 부상으로 인하여 경기 중단을 결정했을 때

Q. 017 03

겨루기 부심의 임무에 대하여 설명하시오(2가지 이상 설명).

① 득점일 때 즉시 채점한다.
② 주심이 의견을 물었을 때 자기의 소견을 진술한다.
③ 부심은 득점과 주심의 벌칙에 이의가 있을 시 언제라도 합의를 요청하거나 자신의 의견을 주심에게 조언할 수 있다(그러나 벌칙에 대한 사항은 오로지 주심이 판단한다).
④ 부심은 득-감점에 대하여 조정이 필요하다고 판단이 되는 경우, 주심에게 손을 들어 경기를 중단하고 주-부심이 협의 판정을 할 수 있다.

Q. 018 03

태권도 겨루기의 손기술과 발기술을 이용한 득점부위를 바르게 설명하시오.

• **손기술**: 바른 주먹의 앞부분을 이용한 몸통 득점 부위를 지르기로 공격하는 손기술을 말한다.
• **발기술**: 복사뼈 이하의 발 부위를 이용한 몸통과 얼굴을 공격하는 발기술을 말한다.

Q. 019 ③

자유품새 발차기의 난이도에 대해 설명하시오.

자유품새 발차기는 총 5가지 필수동작을 순서대로 진행하며, 기술의 정확성과 완성도가 높을수록 난이도가 높고 점수를 높게 부여받는다.

① **뛰어 옆차기**: 아랫 발이 접어진 상태에서 높이 뛴 옆차기의 높이가 높을수록 난이도가 있음

② **뛰어 앞차기**: 앞으로 뛰어오른 상태에서 공중에서 발차기 개수

③ **회전발차기**: 몸을 회전하는 발차기로 회전각이 크고 완성도가 높은 수록 난이도가 있음

④ **연속발차기**: 발차기의 연결성을 다이내믹하게 연결하는 발차기 형태

⑤ **아크로바틱 발차기**: 손을 바닥에 딛고 공중으로 날아올라 발차기를 차는 형태

Q. 020 ③

자유품새의 채점기준에 대해 설명하시오.

• 기술력 60점(6.0)과 연출력 40점(4.0)으로 구분하며, 기술력은 발차기 난도는 뛰어 옆차기, 뛰어 앞차기, 회전 발차기, 연속 발차기, 아크로바틱 동작과 기본동작 및 실용성 동작을 채점하며, 연출력은 창의성, 조화, 기의 표현, 음악 및 구성으로 채점 기준을 둔다.

자유품새 배점표(KTA 2024 태권도 품새 경기규칙)

채점항목	세부 기준 항목		점수
기술력(6.0)	발차기 난도(5.0)	뛰어 옆차기(뛴 높이)	1.0
		뛰어 앞차기(발차기 수)	1.0
		회전 발차기(회전각)	1.0
		연속 발차기	1.0
		아크로바틱 동작	1.0
	동작의 정확도 및 품새의 완성도		1.0
연출력(4.0)	창의성		4.0
	조화		
	기의 표현		
	음악 및 구성		
최대점수(10.0)			10.0

Q. 021 ③

공인품새의 지태 품새에서 8초 정도 천천히 수행하는 동작에 대해 설명하시오.

- 얼굴막기와 몸통 바로지르기(앞굽이) 동작을 연결하여 8초 수행
- 몸통 바깥막기(뒷굽이)를 천천히 8초 수행
- 얼굴막기(앞굽이)를 천천히 8초 수행

천천히 수행하는 동작

모든 동작의 시작점부터 시간 적용

• **5초 정도**

품새	서기	폼 구분
태극 8장	나란히서기	아래 헤쳐막기
태극 7장	모아서기	보주먹
고려	나란히서기	통밀기
금강	나란히서기	아래 헤쳐막기
평원	나란히서기	손날 아래 헤쳐막기
십진	뒷굽이-앞굽이	(몸통)안팔목 손바닥 거들어 바깥막고 편손끝 엎어찌르기
	앞굽이	바위밀기
천권	뒷굽이	손날 외산특막기
	범서기	태산밀기

• **8초 정도**

품새	서기	폼 구분
태극 8장	앞굽이	당겨 턱지르기
고려	모아서기	메주먹 아래 표적치기
금강	학다리서기	금강막기
십진	주춤서기	손날 아래 헤쳐막고 주먹 쥐고 일어서기까지
지태	앞굽이	얼굴막기 다음 몸통 바로지르기
	뒷굽이	몸통 바깥막기
	앞굽이	얼굴막기
천권	모아서기	날개펴기
	앞굽이	한손날 비틀어막기에서 발을 내디며 손을 감아 잡아끌면서 몸통 바로지르기

Q. 022 ③

태권도 공인품새의 채점기준에 대하여 설명하시오.

- 공인품새는 크게 정확도 4.0(40점)과 표현력 6.0(60점)으로 총10.0(100점)으로 구분하고 있다.
- 세부적으로 정확도는 기본동작, 각 품새별 세부 동작, 균형으로 구분하여 4.0(40점)을 배점하고, 표현력은 속도와 힘, 조화(강유, 완급, 리듬), 기의 표현으로 각각 2.0(20점)으로 배점한다.

보충

평가항목 분류 및 배점표(10점제 기준)

배점	채점항목	세부 기준 항목	배점
4.0	정확도	기본동작	4.0
		각 품새별 세부 동작	
		균형	
6.0	표현력	속도와 힘	2.0
		조화(강유, 완급, 리듬)	2.0
		기의 표현	2.0

Q. 023 ③

품새 경기 시 태권도복의 기준길이와 품띠, 단띠를 매는 경우를 설명하시오.

- 태권도복의 상의는 팔목선까지, 하의는 발목을 기준으로 한다.
- 또한 도복 착용 시 띠의 길이는 매듭에서부터 25cm (±5cm)로 해야 한다.
- 단도복 착용자는 단띠, 품도복 착용자는 품띠를 매야 한다.

- **개인전:** 중학교 2학년까지는 품도복과 품띠를 착용하여야 하며, 중학교 3학년부터는 나이에 관계없이 단도복과 단띠를 착용해야 한다.
- **단체전, 페어전:** 중등부는 학년(나이)에 관계없이 품도복 또는 단도복으로 통일한다.

팔목

발목

Q. 024 ⁰²

자유품새 경기 중 감점사항에 대해 설명하시오.

- 경기시간(90~100초) 미달 또는 초과 시 최종점수에서 0.3점을 감한다.
- 경기장 경계선을 넘을 경우 최종점수에서 0.3점을 감한다.
- 경기 중 범서기, 뒷굽이, 학다리서기를 시연하지 않았을 경우 각 서기당 0.3점을 감점한다.

Q. 025 ⁰³

임원(감독·코치)의 자격에 대하여 설명하시오.

① 문화체육관광부 발급 체육지도자 자격증 소지자
② 당해 연도 경기규칙강습회 교육을 수료한 자
③ 심신의 결격 사유가 없는 자로서 당해 연도 임원(감독, 코치)등록을 필한 자
④ 위 ①의 자격증을 소지하지 못한 학교, 감독교사는 해당연도 경기규칙강습회를 수료하고 소속장으로부터 추천을 받아 임원을 등록할 수 있다.
⑤ 상기 조항 이외의 사항에 대하여는 협회 지도자 선수 등록 규정에 의한다.

Q. 026 ⁰²

공인품새, 자유품새 경기장의 규격과 경기장 형태에 대하여 설명하시오.

경기장 규격은 품새 경기는 10m×10m, 자유품새경기는 12m×12m으로 경기가 진행되며 경기장 모양은 사각 경기장으로 한다.

경기장의 형태

- **공인품새(5심제, 7심제) 경기장:** 10m×10m
- **자유품새 경기장:** 12m×12m

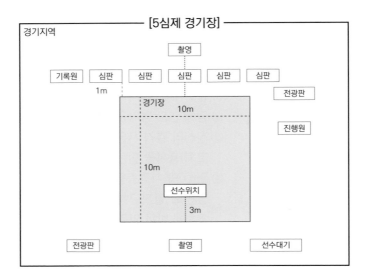

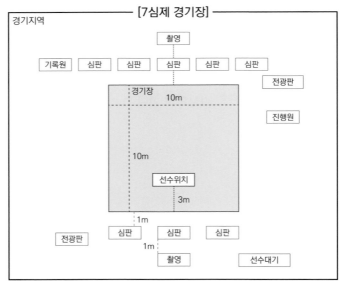

Q. 027 01

태권도 겨루기 경기장의 규격과 형태에 대해서 설명하시오.

- **규격:** 8m×8m 넓이의 정방형 또는 마주 보는 면 사이의 직경이 약 8m이다.
- **형태:** 경기장은 장애물이 없는 평평한 표면이어야 하며, 바닥은 탄력성이 있어야 한다. 그리고 경기장은 팔각 경기장 또는 사각 경기장으로 구분되어 있다.

보충

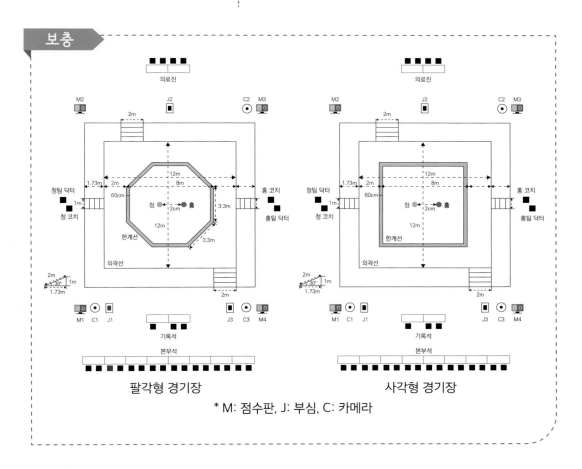

팔각형 경기장   사각형 경기장

* M: 점수판, J: 부심, C: 카메라

Q. 028 ③

올림픽경기의 성별 체급에 대하여
설명하시오.

- 남녀 각각 4체급씩 총 8체급
- **남자부**: -58kg, -68kg, -80kg, +80kg
- **여자부**: -49kg, -57kg, -67kg, +67kg

보충

올림픽경기 성별 체급

남자부		여자부	
-58kg급	58kg까지	-49kg급	49kg까지
-68kg급	58kg 초과 68kg까지	-57kg급	49kg 초과 57kg까지
-80kg급	68kg 초과 80kg까지	-67kg급	57kg 초과 67kg까지
+80kg급	80kg 초과	+67kg급	67kg 초과

Q. 029 ②

전자동 전자호구 사용 시 득점의 허
용범위에 대해 설명하시오.

몸통부위와 머리부위로 구분한다.
- **몸통부위**: 몸통보호대로 둘러싸인 득점 부위를 손기술,
  발기술의 공격으로 득점이 인정되었을 때 허용한다.
- **머리부위**: 쇄골 위 부위, 발기술만 허용한다.

보충

- **몸통부위**: 몸통보호대로 둘러싸인 득점 부위를 손기술과 발기술의 공격을 통해 득점을 허용하는
  것을 말하며, 몸통의 척추부위는 득점부위가 아니다.
- **머리부위**: 쇄골 위 부위를 발기술만으로 공격하여 득점을 허용한다(쇄골 위 부위에서 머리보호대
  전체를 발기술만의 공격으로 득점이 인정되었을 때를 말한다).

Q. 030 02

대회경기규칙에서 앞굽이에 대해 설명하시오.

- 앞발과 뒷발의 세로 거리는 4발 반(한걸음 반)으로 한다.
- 뒷발의 내각은 30° 정도 뒷다리의 무릎을 편다.
- 체중의 2/3(60% 이상) 정도를 앞으로 둔다.
- 몸을 반듯하게 하고 서서 땅을 내려다 봤을 때 앞에 있는 무릎과 몸을 낮춘다.

Q. 031 03

태권도 품새 경기 방식의 구성에 대하여 설명하시오.

경기 방식 구성은 일리미네이션 토너먼트 방식, 컷 오프(단계별 점수제) 방식, 혼합 방식(컷 오프 방식+토너먼트 방식), 리그전(라운드 로빈) 방식이 있다.

보충

경기 방식 및 경기운영에 대한 구체적인 사항은 대회요강을 통해서 사전에 정해져야 하며 대표자 회의 시 변경될 수 있다.

Q. 032 03

태권도 공인품새의 경기규칙 제 15조 경기 결과의 판정에 대하여 설명하시오.

품새 경기의 판정은 판정승, 기권승, 실격승으로 구분한다.
- **판정승**: 경기 결과의 점수차로 인해 판정이 난 경우
- **기권승**: 경기 도중 부상 또는 기타의 사유로 더 이상 경기 진행이 어려운 경우
- **실격승**: 상대 선수가 출전치 않았거나 자격을 상실하였을 경우

Q. 033 ①

태권도 품새 종목에 대한 경기 제한 시간에 대하여 설명하시오.

- 공인품새는 90초 이내(1개 품새 시 해당)
- 경기품새는 120초 이내
- 자유품새는 90~100초 이내이다.

> **보충**
>
> 품새 시연 중간 휴식 시간은 30~60초 이내로 한다(대회 종류에 따라 휴식 시간은 조정될 수 있다).

Q. 034 ③

겨루기 시 위험한 상태를 말하시오.

상대의 유효한 타격에 의한 득점으로 인하여 발바닥을 제외한 신체의 일부분이 바닥에 닿고 있을 때
- (상대의 유효한 타격에 의한 득점으로) 공격이나 방어의 의사 없이 비틀거리고 있을 때
- 상대의 강한 타격에 의한 득점으로 주심이 경기를 지속할 수 없다고 인정했을 때

> **보충**
>
> 타격에 의한 충격으로 쓰러지거나 쓰러지지 않았더라도 중심을 잡지 못하고 비틀거릴 때는 위험한 상태로 본다. 또 주심이 계속 경기 진행이 위험을 초래하거나 일시적으로 선수의 보호가 필요하다고 판단할 만한 타격이 있을 때는 이를 위험한 상태로 처리할 수 있다.

Q. 035 ⑩

겨루기 경기 감점사항에 대하여 설명하시오.

① 한계선 밖으로 나가는 행위
② 넘어지는 행위
③ 선수가 경기를 회피하거나 지연시키는 행위
④ 상대를 잡거나 끼는 행위
⑤ 미는 행위
⑥ 상대선수의 발차기 공격을 막거나 방어하기 위하여 무릎을 들어 올리는 행위 또는 상대의 공격 동작을 방해하기 위하여 한 발로 득점 없이 3초 이상 공격하는 행위는 감점을 부여하며 한 발을 들고 2회 이상 공격하는 행위는 감점 처리
⑦ 허리 아래 부위를 공격하는 행위
⑧ 주심의 "갈려" 선언 후 상대 선수를 가격하는 행위
⑨ 손으로 머리 부위를 가격하는 행위
⑩ 무릎 또는 이마로 가격하는 행위
⑪ 넘어진 상대를 가격하는 행위
⑫ 변칙적인 발기술 공격(일명: 제기차기, 몽키킥, 깁스 발차기 등)
⑬ 선수·코치의 바람직하지 않은 언동

Q. 036 ⑩

국기원 유공자 응시 자격 특례 혜택에서 올림픽 경기실적과 국기원(세계한마당), 세계연맹(세계태권도선수권대회, 세계품새대회)이 주최한 국제적 규모의 태권도 입상자의 적용기준 %(금, 은, 동)는 어떻게 다른가?

올림픽 태권도 입상자의 기준은 금: 100%, 은: 80%, 동: 60%이며, 국기원, 세계태권도연맹이 주최한 태권도대회 입상자 기준은 금: 80%, 은: 60%, 동: 40%의 혜택을 받을 수 있다.

유공자 응시자격의 특례 적용기준

분야별	내용	단축률
경기실적	올림픽 태권도 종목 입상자 (금: 100%, 은: 80%, 동: 60%)	60%~100%
	국기원, 세계태권도연맹이 주최한 국제적 규모의 태권도 대회 입상자 (금: 80%, 은: 60%, 동: 40%)	40%~80%
	대륙별 대회의 태권도 종목 및 대륙별 태권도 대회 입상자 (금: 60%, 은: 40%, 동: 20%)	20%~60%
공로실적	태권도 보급, 발전과 관련한 공로를 인정받아 국가 원수로부터 훈장을 수여받은 자	50%

적용대회

구분	국문명칭	영문명칭	단축률
올림픽 태권도 종목	올림픽 (금: 100%, 은: 80%, 동: 60%)	Olympic Games (Gold: 100%, Silver: 80%, Bronze: 60%)	60%~100%
국기원, 세계태권도연맹이 주최한 국제적 규모의 태권도 대회	1. 세계태권도 한마당 2. 세계태권도선수권대회 3. 세계태권도품새선수권대회 (금: 80%, 은: 60%, 동: 40%)	1. World Taekwondo Hanmadang 2. World Taekwondo Championships 3. World Taekwondo Poomsae Championships (Gold: 80%, Silver: 60%, Bronze: 40%)	40%~80%
대륙별 대회의 태권도 종목 및 대륙별 태권도 대회	1. 아시안 게임 2. 팬암 게임 3. 올 아프리칸 게임 4. 아시아태권도선수권대회 5. 유럽태권도선수권대회 6. 팬암태권도선수권대회 7. 아프리카태권도선수권대회 8. 오세아니아태권도선수권대회 (대륙별 한마당, 품새 포함) (금: 60%, 은: 40%, 동: 20%)	1. Asian Games 2. Pan American Games 3. All African Games 4. Asian Taekwondo Championships 5. European Taekwondo Championships 6. Pan American Taekwondo Championships 7. African Taekwondo Championships 8. Oceanian Taekwondo Championships (Gold: 60%, Silver: 40%, Bronze: 40%)	20%~60%

Q. 037 ③

심사의 종류를 성명하시오.

심사의 종류는 행사 주체별, 응시자 특성별, 과목별로 구분한다.

- 행사주체별로 승급심사, 승품(단)심사, 고단자 심사가 있다.
- 응시자 특성별로 승품(단)심사, 특별 승단심사, 명예단 심사, 추서단 심사가 있다.
- 심사 과목별 심사의 종류는 실기심사, 이론심사, 구술 면접심사가 있다.

보충

표준심사과목

구분 응시 품·단	실기					이론		구술 면접 과목
	품새과목		기본 동작 과목	겨루 기 과목	격파 과목	필답 과목	논술 과목	
	지정	필수						
1품	태극 1장~8장 중 2지정		●	●				
1단	태극 1장~7장 중 1지정	태극 8장	●	●				
2품·단	태극 1장~8장 중 1지정	고려	●	●				
3품·단	태극 1장~8장, 고려 중 1지정	금강	●	●				
4품	태극 1장~8장, 고려, 금강 중 1지정	태백	●	●				
4단	태극 1장~8장, 고려, 금강 중 1지정	태백	●	●	●	●		
5단	태극 1장~8장, 고려, 금강, 태백 중 1지정	평원	●	●	●	●		
6단	태백, 평원, 십진 중 1지정	지태	●	●	●		●	
7단	평원, 십진, 지태 중 1지정	천권	●	●	●		●	
8단	십진, 지태, 천권 중 1지정	한수					●	●
9단	지태, 천권, 한수 중 1지정	일여					●	●

* 모든 품·단 실기에서 호신술 가능(22. 9. 1. 심사부터 적용)

Q. 038 ③

고단자의 6단 또는 7단에의 심사연한, 연령, 심사과목 대해 설명하시오. ※ (6단, 7단 선택1 답변)

- 6단은 만 30세 이상으로, 5단을 취득하고 5년이 경과되어야 한다. 심사과목으로는 태백, 평원, 십진 중 1개 지정과 지태 품새를 필수로 해야 하며, 심사과목은 기본동작, 겨루기, 논술로 구성되어 있다.
- 7단은 만 36세 이상으로, 6단 취득 후 6년이 경과되어야 하며, 평원, 십진, 지태 중 1개 지정과 천권품새와 기본동작, 겨루기, 격파, 논술로 구성되어 있다.

> **보충**
>
> **6~7단 심사 응시연한, 연령, 심사과목**
> - 6단, 연한 5년, 만 30세 이상
> - 6단, 선택1(태백, 평원, 십진 중), 지태(필수), 기본동작, 겨루기, 논술
> - 7단, 연한 6년 만, 36세 이상
> - 7단, 선택1(평원, 십진, 지태 중), 천권(필수), 기본동작, 겨루기, 논술

Q. 039 ③

[*1급 생활·전문] 고단자의 8단 또는 9단에의 심사연한, 연령, 심사과목 대해 설명하시오(8단, 9단 택1일).

- 8단은 만 44세 이상으로, 7단을 취득하고 8년이 경과되어야 하며, 심사과목으로는 십진, 지태, 천권 중 1개 지정과 한수 품새를 필수로 해야 하며, 논술과 면접심사로 구성되어 있다.
- 9단은 만 53세 이상으로, 8단 취득 후 9년이 경과되어야 하며, 지태, 천권, 한수 중 1개 지정, 일여 품새와 논술 및 면접심사로 구성되어 있다.

> **보충**
>
> **8~9단 심사 응시연한, 연령, 심사과목**
> - 8단, 연한 8년, 만 44세 이상
> - 8단, 선택1(십진, 지태, 천권 중), 한수(필수), 논술, 면접
> - 9단, 연한 9년, 만 53세 이상
> - 9단, 선택1(지태, 천권, 한수 중), 일여(필수), 논술, 면접

Q. 040 ③

국기원 심사 채점 사항 중 겨루기와 품새동작을 시연할 때 시선에 대한 평가기준을 설명하시오.

① 품새종목에서 시선에 대한 평가기준
- 품새 진행선과 방향이 일치하는가?
- 가상 목표를 보는가?
- 정시하는가?

② 겨루기종목에서 시선에 대한 평가기준
- 상대를 보는가?
- 공방 시 눈을 감지 않는가?
- 끝까지 표적을 보는가?

Q. 041 ③

국기원 심사 실기과목 합격선에 대해 설명하시오.

국기원의 심사규정은 절대평가에 가깝고 합격선은 60점으로 정하고 있다. 합격선은 실기과목 기본동작, 겨루기, 품새, 격파 각각의 점수가 60점을 넘었을 때를 말한다.

보충

국기원 심사과목
- **실기**: 기본동작과목, 품새과목, 겨루기과목, 격파과목
- **이론**: 필답과목, 논술과목
- 면접과목

Q. 042 ②

심사(품새·겨루기)의 채점사항에는 무엇이 있는지 설명하시오.

시선, 기합, 완급, 강약, 신축, 중심, 자세(품새), 기의 다양성(겨루기)

보충

- **품새**: 시선, 기합, 완급, 강약, 신축, 중심, 자세
- **겨루기**: 시선, 기합, 완급, 강약, 신축, 중심, 기의 다양성

Q. 043 ②

국기원 심사 시 겨루기 배점사항과 배점을 설명하시오.

겨루기 배점사항 및 배점
- **공격력**: 30
- **기술의 다양성**: 40
- **방어력**: 30

Q. 044 ③

품새경기규칙 중 표현력의 속도와 힘에 대하여 설명하시오.

품새에서 속도와 힘은 하체의 견고함과 중심축을 활용한 탄력적인 몸놀림에 의해 표현되어야 한다. 동작은 부드럽게 시작하여 강하게 마무리하고 멈춤 없이 이어져야 한다.

> **보충**
>
> - **표현력(表現力)**: 품새경기에서 표현력은 각 품새가 갖는 고유의 의미와 기법의 특징과 동작의 연결 특성을 표현하는 능력을 평가한다.
> - **조화(강유, 완급, 리듬)**: 품새에서 조화란 기술의 특징이 강유, 완급과 리듬에 의해 자연스럽게 표현되는 것을 의미한다.
> - **강유**: '유'는 예비동작에서 중심축과 몸이 함께 움직여 힘과 기운을 응축하는 몸의 순응 상태를 말하며, '강'은 동작과 호흡, 의식 등이 일치되어 기운과 기세가 발현됨을 의미한다.
> - **완급**: 완급은 동작과 동작 간의 연결과 품새 전반의 흐름을 조절하는 것을 의미한다.
> - **리듬**: 리듬이란 강유와 완급의 흐름을 뜻하는 것으로 각 품새의 특성에 따라 동작의 빠름과 느림이 원활하게 진행되는 것을 의미한다.

Q. 045 ② 겨루기란 무엇인가?

- 겨루기의 어원은 '겨루다'의 명사형으로 "서로 버티어 힘과 기를 견주어 본다."라는 뜻을 의미하며, 손과 발을 이용하여 상대방을 공격하거나 상대의 공격으로부터 자신을 방어하고 역습하는 형태를 말한다. 즉, 상대의 여러 가지 공격과 방어에 능동적으로 대처할 수 있도록 공·방의 실기를 활용하는 것이다.
- 겨루기는 주어진 시간과 공간의 제한 속에서 많은 방향 전환, 차기와 지르기의 강한 파괴력, 기술의 아름다운 미적 요소 그리고 상상을 초월하는 고난도의 발기술 등이 이루어지고 있으므로 태권도의 여러 가지 기술들이 복합적으로 사용되는 태권도의 종합적인 발현이라 할 수 있다.

> **보충**
>
> 상대방과의 겨루기는 어떠한 목표를 효율적으로 달성하기 위한 특수한 동작패턴을 말하며, 상대방과의 겨룸에서 팔과 다리를 사용하여 목표를 달성하는 데 가장 이상적인 동작 패턴을 말한다.

Q. 046 ③ 겨루기 서기(맞서기)에서 뒷발 돌려차기 공격 시 대응하여 받아 찰 수 있는 기술에 대하여 2가지 이상 설명하시오.

- 상대방의 돌려차기 공격에 뒤차기 받아차기 기술이 있다.
- 상대방의 돌려차기 공격에 뒤후려차기 받아차기 기술이 있다.
- 상대방의 돌려차기 공격에 빠졌다(물러딛기 후) 나래차기 받아차기 기술이 있다.

Q. 047 ③

겨루기에서 딛기(step)란 무엇인지 설명하시오.

- 딛기(step)는 겨루기 상황에서 이루어지는 발놀림의 형태로서 겨루기에서 가장 중요한 기술 중 하나이다.
- 딛기(step)는 상대 선수의 자세, 위치, 거리 등 상황에 따라 상대 선수의 공격력을 약화시키거나 허점을 유도하며 효과적인 공격과 반격을 수행하기 위해 발로 이루어지는 모든 움직임을 말한다.

> **보충**
>
> 딛기는 상대와의 거리를 유지하면서 공·수 전환을 원활히 할 수 있으며, 속임 동작을 사용하여 상대방의 중심을 무너뜨릴 수 있으며 태권도 기술 중 차기를 연결해주는 고리 역할을 한다.

Q. 048 ②

겨루기 전술이란 무엇인지 설명하시오.

- 겨루기 전술은 상대방의 자세와 움직임에 따라 정해 놓은 공격과 받아차기 기술을 말한다.
- 겨루기의 실전 상황에서도 기술을 주고받을 수 있는 공방의 기술을 말한다.

> **보충**
>
> **겨루기 전술**
> 상대방의 공격 형태에 따른 공격과 반격을 체계적인 단계로 공식화하였으며, 이는 상대방과 상호작용을 통한 기술 교류 습득과정이라 할 수 있다.

Q. 049 ③
태권도 경기의 겨루기 손기술(주먹지르기)을 바르게 설명하시오.

바르게 쥔 주먹의 앞부분을 이용하여 상대의 몸통 득점 부위를 강하게 가격하는 것을 말한다. 주먹의 출발점이 어깨선 위일 때에나 허리 아래일 때에는 득점으로 인정하지 않는다.

Q. 050 ③
태권도의 14가지 기본동작에 대해 설명하시오.

- 기본준비서기
- 주춤서 몸통지르기
- 아래막기(내려막기)
- 몸통 (안)막기
- 얼굴막기(올려막기)
- 몸통 반대지르기
- 몸통 바로지르기
- 등주먹치기
- 손날 목치기
- 몸통 바깥막기
- 손날 막기
- 앞차기
- 옆차기
- 돌려차기

Q. 051 ③
겨루기의 이동(전진=후진)하며 딛기(step)의 종류에 대해 설명하시오.

- 앞발(끌어) 내딛기
- 뒷발 내딛기
- 두발 내딛기
- 발붙혀 내딛기
- 돌아딛기

Q. O52 ⑬

국기원 심사 시 겨루기 평가방법과 채점방법에 대해 설명하시오.

- **평가방법**: 심사 시 겨루기는 상호 공방의 기술을 승패와 상관없이 평가한다.
- 구체적인 기술평가방법은 공격력 30, 기술의 다양성 40, 방어력 30으로 한다.

Q. O53 ⑬

태권도 품새 유급자 품새와 유단자 품새의 종류에 대해 설명하시오.

품새는 유급자 품새 8개, 유단자 품새 9개 총 17개로 구성되어 있다.
- **유급자 품새**: 태극 1장~8장(총 8개)
- **유단자 품새**: 고려, 금강, 태백, 평원, 십진, 지태, 천권, 한수, 일여(총 9개)

Q. O54 ⑬

표준심사과목 중 4단 심사에 대해 설명하시오.

- 4단 심사는 크게 품새, 기본동작, 겨루기, 격파과목 및 이론시험(필답과목)을 응시한다.
- 품새는 지정과목 태극 1장~8장, 고려, 금강 중 1품새를 지정하고, 필수과목으로 태백 품새를 해야 한다.

Q. O55 ⑫

안팔목과 바깥팔목에 대해 설명하시오.

- **안팔목**: 엄지손가락 쪽의 팔목
- **바깥팔목**: 새끼손가락 쪽 팔목

Q. O56 ⑬

태권도 품새 기술 수행 시 정형화된 준비 자세에 대해 설명하시오.

- 기본 준비
- 통밀기 준비
- 보주먹 준비
- 겹손 준비
- 두주먹 허리 준비
- 겨루기 준비서기(겨룸새)

Q. 057 ②

품새의 의의에 대해 설명하시오.

품새란 공격과 방어의 기술을 규정된 형식에 맞추어 혼자 수련할 수 있도록 이어 놓은 동작을 말한다.

Q. 058 ②

심사의 정의에 대해 설명하시오.

승급(단, 품) 심사에 응하는 태권도 수련자의 운동기능과 언행 등을 자세히 살펴보고 승급이나 승단(품)을 결정하는 제도 또는 행사(행위)를 말한다.

> **보충**
> - 사전적 의미는 '자세히 조사함', '심의해서 사정함'이다.
> - 영어로는 'Promotion Test'로 정하고 있으나 단순히 승급(단, 품) 시험 이상의 의미를 가지고 있다.

Q. 059 ②

태권도 심사에서 승단심사에 대해 설명하시오.

승단심사란 만 15세 이상인 자에게 부여하는 태권도 자격이다.

Q. 060 ②

표준심사과목 중 품새과목에서 1단 심사의 지정과목과 필수과목을 설명하시오.

- **지정과목**: 태극 1장~7장 중 1 지정
- **필수과목**: 태극 8장

> **보충**
> - 품새과목은 지정과목과 필수과목으로 구분된다. 1단 심사를 위한 지정과목은 태극 1장에서 7장 중 하나를 지정하며, 필수과목은 태극 8장으로 한다.
> - 1품 심사과목은 필수과목 없이 2개 품새를 지정한다.

Q. 061 ②

표준심사과목에서 실기과목으로는 무엇이 있는지 설명하시오.

- 기본동작
- 품새
- 겨루기
- 격파

> **보충**
> - **실기**: 기본동작과목, 품새과목, 겨루기과목, 격파과목
> - **이론**: 필답과목, 논술과목
> - **구술면접과목**

Q. 062 ②

태권도 품·단의 위계에 대해 설명하시오.

- **품의 위계**: 1품부터 4품까지
- **단의 위계**: 1단부터 9단까지
- **명예단**: 1단부터 10단까지
- **추서단**: 5단부터 10단까지

Q. 063 ②

태권도 심사에서 '급'의 정의를 설명하시오.

태권도 유품·단자가 아닌 일반 수련자(무·유급자)에게 부여하는 등급을 말한다.

Q. 064 ②

품새 채점항목 중 표현력은 속도와 힘, 조화(강유, 완급, 리듬) 그리고 기의 표현으로 구분한다. 조화의 강유, 완급, 리듬 중 한 가지에 대하여 설명하시오.

- **강유**: '유'는 예비 동작에서 중심축과 몸이 함께 움직여 힘과 기운을 응축하는 몸의 순응 상태를 말하며, '강'은 동작과 호흡, 의식 등이 일치되어 기운과 기세가 발현됨을 의미한다.
- **완급**: 동작과 동작 간의 연결과 품새 전반의 흐름을 조절하는 것을 의미한다.
- **리듬**: 리듬이란 강유와 완급의 흐름을 뜻하는 것으로 각 품새의 특성에 따라 동작의 빠름과 느림이 원활하게 진행되는 것을 의미한다.

Q. 065 ②

겨루기 주심의 임무를 두 가지 이상 설명하시오.

- 경기 진행에 관한 주도권을 갖는다.
- 경기의 "시작", "그만", "갈려", "계속", "계시", "시간", 승패의 선언, 감점선언, 퇴장선언을 한다. 모든 선언은 결과가 확인된 후 선언한다.
- 규정에 따라 판정권을 독자적으로 행사할 수 있다.
- 주심은 언제라도 득·감점에 이의가 있을 시 부심을 소집하여 협의할 수 있다.
- 필요할 경우 본 규정에 따라 부심과 함께 골든포인트 회전 후 우세승을 결정한다.
- 선수의 얼굴(앞면)이 강한 타격에 의해 선수가 위험한 상태에 처해 있을 경우 주심 계수 후 주심영상판독신청 없이 득점을 줄 수 있으며 지도자는 이의가 있을 시 영상 판독신청이 가능하다.
- 선수의 얼굴(앞면)에 정확하게 타격이 가해졌으나 위험한 상태가 아닐 경우는 주심영상판독신청 후 득점을 확인한다.

> **보충**
>
> 원칙적으로 주심은 채점을 하지 않는다. 그러나 4심제의 경우 점수가 채점되지 않아서 부심 중 한 명이 손을 들면 주심은 부심들과 회의를 소집하여 2명 이상의 부심이 요청 시 주심은 그 요청을 받아들여 득점으로 인정하며, 3심제의 경우 주·부심 3명 중 2명이 동의할 경우 그 결과를 정정한다. 5심제에서는 부심이 2:2일 때는 주심이 결정할 권한을 갖는다.

Q. 066 ②

국기원 심사 시 겨루기 채점 평가방법에 대해 설명하시오.

심사 시 겨루기는 상호 공방의 기술을 승패와 상관없이 평가한다.

> **보충**
>
> 구체적인 채점 방법은 공격력 30, 기술의 다양성 40, 방어력 30으로 평가한다.

Q. 067 ②

태권도 심사규정 제11조 제2항에 따른 표준 심사과목의 종목과 세부 종목에 대해 설명하시오.

표준심사과목은 크게 실기과목, 이론과목, 구술면접과목이 있다.

보충

구체적으로 실기과목은 기본동작, 품새, 겨루기, 격파 과목이며, 이론과목은 필답과목과 논술과목으로 구분하며, 마지막으로 구술면접과목이 있다.

Q. 068 ③

태극 1장~8장 중 5초 정도 천천히 하는 품새 동작을 설명하시오.

태극 6장의 아래헤쳐막기, 태극 7장의 보주먹 동작이 있다.

보충

품새에서 5초 정도 천천히 하는 동작
- **태극 6장**: 아래헤쳐막기
- **태극 7장**: 보주먹
- **고려**: 통밀기
- **금강**: 아래헤쳐막기
- **평원**: 손날 아래헤쳐막기
- **십진**: 안팔목 손바닥 거들어 바깥막고 편손끝 엎어 찌르기, 바위밀기
- **천권**: 손날 외산틀 막기, 태산밀기

Q. 069 02

겨루기 득점 중 5점의 득점에 대해 설명하시오.

머리부위를 몸의 회전을 이용하여 공격한 발기술

- **1점**: 몸통부위 주먹공격
- **2점**: 몸통부위 발공격
- **3점**: 머리부위를 공격한 발기술
- **4점**: 몸통부위를 몸의 회전을 이용하여 공격한 발기술(추가점수 2점 포함)
- **5점**: 머리부위를 몸의 회전을 이용하여 공격한 발기술(추가점수 2점 포함)
- 상대 선수가 1회의 감점 선언을 받음으로써 얻어지는 1점

Q. 070 02

태권도 심사에서 승품심사에 대해 설명하시오.

만 15세 미만인 자에게 부여하는 태권도 자격이다.

승품심사는 만 15세 미만인 자를 대상으로 시행하는 심사이다. 단, 4품은 만 18세 미만인 자로 한다.

Q. 071 02

태권도를 품부터 시작한 자의 경우 1~3품을 보유하고, 품에서 단으로 전환, 신청할 수 있는 나이는 몇 살인지 답하시오.

만 15세 이상

Q. 072 ②

표준 심사과목 중 품새과목에서 1품 심사의 지정과목과 필수과목을 설명하시오.

- **지정과목**: 태극 1장~8장 중 2개 품새 지정
- **필수과목**: 없음

> **보충**
> - 품새과목은 지정과목과 필수과목으로 구분된다. 1품 심사를 위한 지정과목은 태극 1장에서 8장 중 두 개를 지정하며, 필수과목은 없다.
> - 태권도심사규정 제11조 제1항에 따른 표준 심사과목은 다음 각 호와 같이 구분, 시행한다.
>   1. **기본동작과목**: 태권도의 기본인 서기(넓혀서기, 모아서기, 특수품서기), 방어(막기, 잡기), 공격(지르기, 치기, 찌르기, 차기, 꺾기, 넘기기), 특수품 등으로 구성되며, 1회 심사 시 15세 미만 응시자는 8인 이하, 15세 이상 응시자는 6인 이하를 대상으로 시행한다.
>   2. **품새과목**: 유급자 품새(태극 1장~8장), 유단자 품새(고려, 금강, 태백, 평원, 십진, 지태, 천권, 한수, 일여) 등으로 구성되며, 1회 심사 시 15세 미만 응시자는 8인 이하, 15세 이상 응시자는 6인 이하를 대상으로 시행한다.
>   1) 지정품새: 심사 시행 당일 공개 추첨으로 지정하는 품새로 각 품·단별로 1개 품새를 시행하며, 1품의 경우 2개의 품새를 추첨, 지정한다.
>   2) 필수품새: 각 품·단별로 지정되어 필수로 시행하여야 하는 품새로 1인 1개 품새를 시행하며, 1품의 경우 지정품새로 대체한다.
>   3. **겨루기과목**: 1회 심사 시 2인 1조를 대상으로 경기 겨루기를 시행한다.
>   4. **격파과목**: 1회 심사 시 1인을 대상으로 손날격파, 발격파 등을 시행한다.

Q. 073 02

심사의 합격 여부 결정에서 합격선을 몇 점으로 정하고 있는가?

국기원의 심사규정에 의하면 60점으로 정하고 있다.

보충

신체의 능력이 도달할 수 있는 최고의 이상적 동작이나 기술을 100점으로 보고 심사의 합격 여부 결정을 60점으로 상정하였다고 볼 수 있다.

Q. 074 02

기록경연 중 연속 돌개차기 격파에 대하여 설명하시오.

연속 돌개차기 격파는 제자리에서 연속적으로 앞발을 축으로 몸을 한 바퀴(360°) 이상 앞으로 돌며 격파물을 제한된 시간 안에 격파하는 기술의 횟수를 말한다.

보충

기록경연
- **경연방식**: 컷오프방식
- **경연시간**: 20초
- **기술규정**
  1. 송판을 격파해야 한다.
  2. 격파물을 잡아주는 도우미는 15명 이하로 한다.
  3. 마지막 격파물은 점프한 상태로 회전격파가 이루어져야 한다.
- **감점사항**
  1. 격파물을 잡아주는 보조자가 격파를 돕는 행동을 했을 때 1.0점 감점한다.
  2. 감점 1.0점은 격파물 1장과 동일하다.
  3. 벌칙 감점은 최종점수에서 감한다.

Q. 075 ②

1단 표준 심사과목 중 품새에 대하여 설명하시오.

1단 표준 심사과목은 필수 과목인 태극 8장과 태극 1장 ~7장 중 하나의 지정 품새로 심사과목이 설정된다.

> **보충**
>
> **1단 표준 심사과목**
> - 태극 1장~7장 중 지정품새 1개
> - **필수과목**: 태극 8장
> - 기본동작

Q. 076 ②

주먹지르기 위력격파 기술에 대하여 설명하시오.

주먹지르기 위력격파는 바른 주먹을 이용하여 일정한 높이의 격파대에 설치된 격파물을 수직으로 내려지르는 격파기술이다. 격파 중 신체가 지면 위로 도약하며 격파할 수도 있다.

> **보충**
>
> **태권도 심사규정 격파**
> - 격파는 1회에 한한다. 격파 시작의 구령 후 30초 내에 격파가 이루어져야 한다.
> - 선수는 주먹의 부상을 방지하기 위하여 격파물 위에 대회본부가 제공하는 보호대를 놓을 수 있다. 단, 선수의 바른 주먹 부위에는 어떠한 보호물도 부착할 수 없다.

Q. 077 02

뒤차기 위력격파에 대하여 설명하시오.

뒤차기 위력격파는 일정한 높이의 격파대에 설치된 격파물을 발의 발날 또는 뒤꿈치를 이용한 뒤차기로 격파하는 기술이다. 격파의 높이는 정해진 범위 내에서 조절할 수 있으며, 미끌어 들어가는 동작 또는 두 걸음 이내로 움직여 격파할 수 있다.

보충

격파 경기규칙

- 격파대의 높이는 미리 정해진 범위 내에서 선수가 선택 조절할 수 있다.
- 격파 발차기에 선행하여 미끌어 들어가는 동작 또는 두 걸음 이내의 발놀림을 할 수 있다.
- 격파는 1회에 한한다. 격파 시작의 구령 후 30초 내에 격파가 이루어져야 한다.

Q. 078 02

국기원 승단(품)심사에서 응시자를 평가하는 방법에 대하여 말하시오 (예 상대평가는 응시자 중 상위 60%를 합격시키고 나머지 40%를 탈락시킨다).

심사 평가는 절대적인 기준에 의하여 개개의 응시자를 평가하는 방법인 절대평가로 한다.

보충

- 심사의 평가요소 및 평가방법은 태권도 심사규칙으로 정한다.
- 심사의 합격은 각 과목별 합격 여부를 종합 판정하여 심사심의위원회의 심의, 의결을 거쳐 국기원장의 승인으로 확정된다.

Q. 079 ②

태권도 겨루기의 사각 경기장에 대하여 설명하시오.

사각 경기장의 형태는 8m×8m 넓이의 정방형으로 되어 있으며 이 곳을 경기지역이라 하고 경기지역 끝 선인 한계선으로 사방 1m 외부 바닥 면을 안전지역이라 하고, 경기지역과 색상을 달리하여 구분한다.

> **보충**
>
> **팔각 경기장**
> 경기장 중앙에서 마주보는 면 사이의 직경이 약 8m이며 팔각의 각 면의 길이는 약 3.3m인 팔각형으로 한다. 팔각형을 경기지역이라 하고 경기지역 끝 선인 한계선으로부터 팔방 1m 넓이의 외부 바닥 면을 안전지역이라 하고 색상을 달리하여 구분한다.

Q. 080 ②

다리를 드는 행위에 감점 처리하는 이유는 무엇인지 설명하시오.

상대에게 부상을 일으키는 위험한 상태이기 때문이며, 정상적인 공격을 방해하고 경기를 소극적으로 하려는 의도를 가진 행위이기 때문이다.

> **보충**
>
> 다리를 드는 행위가 공격 방해나 상대방의 부상을 일으키거나 위험을 줄 때에는 바로 감점 처벌한다.

Q. 081 02

품새 경기방식 중 두 가지를 설명하시오.

- **일리미네이션 토너먼트 방식**: 전자 또는 수동추첨에 의한 방법으로 대진을 결정하고 대진표에 따라 경기하며 매회 패자는 탈락하고 최종 순위까지 계속 승자끼리만 승부를 가리는 경기방식이다.
- **컷오프(단계별 점수제) 방식**: 예선에서 참가선수 중 상위 점수 50%를 선발하고 본선은 예선에서 선발된 선수 중 8명을 선발한다. 결선은 본선에서 선발된 선수로 시연하는 경기방식이다.
- **혼합방식**: 컷오프 방식+일리미네이션 토너먼트 방식을 혼합하는 방식이다
- **라운드 로빈(리그전) 방식**: 여러 선수가 일정한 기간에 같은 시합 수로 서로 대전하여 그 성적에 따라 순위를 결정하는 방식이다.

Q. 082 03

품새 경기 결과의 판정 2가지를 설명하시오.

- 판정승은 경기 결과의 점수 차로 인해 판정이 난 경우를 말한다.
- 기권승은 경기 도중 부상 또는 기타의 사유로 더는 경기 진행이 어려운 경우를 말한다.
- 실격승은 상대 선수가 출전치 않았거나 자격을 잃었을 경우를 말한다.

> **보충**
>
> **품새 경기 결과의 판정**
> 심판은 항목별로 채점한 점수의 최고, 최저 점수를 제외한 평균점수로 한다.
> - **판정승**: 경기 결과의 점수 차로 인해 판정이 난 경우
> - **기권승**: 경기 도중 부상 또는 기타의 사유로 더 이상 경기 진행이 어려운 경우
> - **실격승**: 상대 선수가 출전치 않았거나 자격을 상실하였을 경우

Q. 083 ③

태권도 심사규정 품·단 위계와 단 전환 절차에 대하여 설명하시오.

- **품 위계**: 1품부터 4품까지
- **단 위계**: 1단부터 9단까지. 단 명예단은 1단부터 10단까지, 추서단은 5단부터 10단까지
- 유품자가 만 15세 이상(4품은 만 18세 이상)이 되어 단으로 자격을 전환하려고 한다면 국기원에서 요구하는 정해진 절차를 거쳐 단증을 교부할 수 있다.

Q. 084 ③

태권도 품새 경기에서 정확도에 대한 채점 기준을 설명하시오.

품새 경기에서 정확도의 채점은 국기원이 규정한 태권도 기본동작과 각 품새 동작의 수행기준에 맞는 동작 시행의 여부를 평가한다.

- 국기원이 규정한 태권도 기본동작과 각 품새 동작의 수행기준에 맞는 동작 시행의 여부를 평가한다.
- **균형(均衡)**: 품새 경기 채점에서는 개별 동작 수행과정과 동작과 동작 간의 연결과정에서 나타나는 중심이동의 안정성, 자세의 균형을 평가한다. 또한, 기술 동작을 통하여 목표점에 힘을 방출하는 과정에서 중심을 잃지 않으면서 체중을 실어 동작을 수행하는 능력도 평가한다.

- 태권도 품새의 표현력 중 조화(강유+완급+리듬)
- 품새에서 조화란 기술의 특징이 강유, 완급, 리듬에 의해 자연스럽게 표현되는 것을 의미한다.
  1. **표현력(表現力)**: 품새 경기에서 표현력은 각 품새가 갖는 고유의 의미와 기법의 특징과 동작의 연결 특성을 표현하는 능력을 평가한다.
     가. 속도와 힘: 품새에서 속도와 힘은 하체의 견고함과 중심축을 활용한 탄력적인 몸놀림에 의해 표현되어야 한다. 동작은 부드럽게 시작하여 강하게 마무리하고 멈춤 없이 이어져야 한다.
     나. 조화(강유, 완급, 리듬): 품새에서 조화란 기술의 특징이 강유, 완급과 리듬에 의해 자연스럽게 표현되는 것을 의미한다.
       – 강유: '유'는 예비동작에서 중심축과 몸이 함께 움직여 힘과 기운을 응축하는 몸의 순응 상태를 말하며, '강'은 동작과 호흡, 의식 등이 일치되어 기운과 기세가 발현됨을 의미한다.
       – 완급: 완급은 동작과 동작 간의 연결과 품새 전반의 흐름을 조절하는 것을 의미한다.
       – 리듬: 리듬이란 강유와 완급의 흐름을 뜻하는 것으로 각 품새의 특성에 따라 동작의 빠름과 느림이 원활하게 진행되는 것을 의미한다.
  2. **기의 표현**: 동작의 크기, 집중, 기백, 절도, 자신감 등 기의 숙달에서 나타나는 품격과 위엄 있는 동작의 표현 정도를 의미한다. 선수의 체형과 특성에 맞게 품새 동작 전체에 걸쳐 나타나는 시선, 기합, 태도, 복장, 당당함 등이 평가항목이다.

Q.085 ③

태권도 품새의 종류 중 유급자 품새와 유단자 품새에 대해 설명하시오.

- **유급자 품새**: 태극 1장~8장으로 총 8개
- **유단자 품새**: 고려, 금강, 태백, 평원, 십진, 지태, 천권, 한수, 일여로 총 9개

총 17개의 품새로 이루어져 있으며, 유급자 품새는 8개, 유단자 품새는 9개로 구성되어 있다.

Q. 086 01

태권도 사범의 자격조건에 대해 설명하시오.

태권도 사범이란 태권도 4단 이상의 자격을 보유하고 국기원의 세계태권도연수원에서 실시하는 태권도 사범교육을 이수하여 사범자격을 취득한 자를 말한다.

보충

태권도 사범의 자격조건
- 태권도 4단 이상의 자격을 보유한 자
- 태권도 사범교육을 이수한 자
- 사범자격을 취득한 자

Q. 087 02

표준심사과목 중 품새과목에서 2단 심사의 지정과목과 필수과목을 설명하시오.

- 품새과목에는 지정과목과 필수과목으로 구분된다.
- 2단 심사를 위한 지정과목은 태극 1장에서 8장 중 하나를 지정하며, 필수과목으로는 고려 품새를 한다.

표준심사과목 중 1단 심사를 위한 품새과목에 대한 설명

- **지정과목:** 태극 1장~7장 중 1 지정
- **필수과목:** 태극 8장

표준심사과목의 구분

① 태권도심사규정 제11조 제1항에 따른 표준 심사과목은 다음 각 호와 같이 구분, 시행한다.

1. **기본동작과목:** 태권도의 기본인 서기(넓혀서기, 모아서기, 특수품서기), 방어(막기, 잡기), 공격(지르기, 치기, 찌르기, 차기, 꺾기, 넘기기), 특수품 등으로 구성되며, 1회 심사 시 15세 미만 응시자는 8인 이하, 15세 이상 응시자는 6인 이하를 대상으로 시행한다.

2. **품새과목:** 유급자 품새(태극 1장~8장), 유단자 품새(고려, 금강, 태백, 평원, 십진, 지태, 천권, 한수, 일여) 등으로 구성되며, 1회 심사 시 15세 미만 응시자는 8인 이하, 15세 이상 응시자는 6인 이하를 대상으로 시행한다.

    1) **지정품새:** 심사 시행 당일 공개 추첨으로 지정하는 품새로 각 품·단별로 1개 품새를 시행하며, 1품의 경우 2개의 품새를 추첨, 지정한다.

    2) **필수품새:** 각 품·단별로 지정되어 필수로 시행하여야 하는 품새로 1인 1개 품새를 시행하며, 1품의 경우 지정품새로 대체한다.

3. **겨루기과목:** 1회 심사 시 2인 1조를 대상으로 경기 겨루기를 시행한다.

4. **격파과목:** 1회 심사 시 1인을 대상으로 손날격파, 발격파 등을 시행한다.

Q. 088 ②

심사에 대해 설명하시오.

승급(단, 품) 심사에 응하는 태권도 수련자의 운동기능과 언행 등을 자세히 살펴보고 승급이나 승단(품)을 결정하는 제도 또는 행사(행위)

심사의 정의

- 사전적 의미로는 '자세히 조사함', '심의해서 사정함'으로 정리함
- 영어로는 'Promotion Test'로 정하고 있으나 단순히 승급(단, 품) 시험 이상의 의미를 가지고 있다.

Q. 089 (03)
태권도의 겨루기 경기방식에 대해 설명하시오.

겨루기 경기방식은 크게 개인 토너먼트, 리그전, 패자부활전으로 구분한다.

보충 ▶

태권도 겨루기 경기방식
- 개인 토너먼트(Single Elimination Tournament)
- 리그전(Round Robin)
- 패자부활전(Double Repechage)
- 협회가 공인하는 모든 대회는 4개 팀 이상이 참가하여야 하며, 각 체급당 4명 이상이 참여하여야 하고, 4명 이상 참여하지 않은 체급의 경기결과는 공식 결과로 인정하지 않는다.

Q. 090 (03)
겨루기 경기규칙에서 골든라운드에 대해 설명하시오.

- 3회전까지 승패를 가리지 못할 경우 1분 휴식 후 4회전 연장전을 실시하는 것을 골든라운드라고 한다.
- 4회전 연장전을 실시할 경우 3회전까지의 점수 및 벌칙사항은 무효로 처리하고 4회전의 점수만 판정한다.
- 연장전에서는 선득점 2점 이상을 취득하거나 상대방이 2개의 감점을 받았을 때 승자로 선언한다.
- 골든라운드에서 승패를 가리지 못한 경우에는 골든라운드에서 주먹공격으로 1득점을 성공한 선수가 우세승을 거둔다.
- 골든라운드 4회전에서 반칙에 의한 파워치가 표출되면 주심은 감점부여 후 손바닥이 앞을 향하게 손을 들어 주먹을 쥐었다 편 후 파워치 무효 사인을 한다.

Q. 091 ③

대한태권도협회에 등록된 1급, 2급, 3급 품새 심판원의 자격에 대해 설명하시오.

대한태권도협회에 등록된 품새 심판자격증을 소지한 자로서,
- **1급 심판**: 태권도 8단 이상, 1급 사범자격증 소지자
- **2급 심판**: 태권도 7단 이상, 2급 사범자격증 소지자
- **3급 심판**: 태권도 6단 이상, 3급 사범자격증 소지자

Q. 092 ②

태권도 심사규정에서 응시자격의 특례에서 태권도유공자와 태권도 관련학과에 대한 특례에 대해 설명하시오.

- **태권도유공자**: 평생 1회에 한하여 7단 이하의 심사에만 연한의 단축혜택을 부여한다.
- 대학교(태권도학과, 태권도전공)에서 태권도를 전공한 자 중 4년제 대학교 졸업예정자 및 학점은행제 졸업예정자에게는 4단의 응시자격을 부여한다.

> **보충**
>
> ### 제15조(응시자격의 특례)
> - **태권도유공자**: 평생 1회에 한하여 7단 이하의 심사에만 연한을 단축혜택을 부여한다.
> - 대학교(태권도학과, 태권도전공)에서 태권도를 전공한 자 중 4년제 대학교 졸업예정자(3학년 2학기 종료 전까지 3단의 자격을 취득한 자로, 4학년 3학기에 재학 중인 자) 및 학점은행제 졸업예정자(대학교 4학년 졸업학력 이수 학점 80% 이상 이수한 자)에게는 4단의 응시자격을 부여한다.

Q. 093 ②

홍선수가 청선수의 발을 잡아서 청선수가 넘어졌을 경우에 대하여 설명하시오.

홍선수가 청선수의 공격하는 발을 잡아서 청선수가 넘어졌을 경우 홍선수는 "잡는 행위"로 감점된다.

> **보충**
>
> - 넘어진 행위가 상대선수의 감점행위로 인한 것으로 반칙을 행한 선수가 감점
> - 홍선수가 청선수의 허리 아래 공격으로 넘어진 경우 홍선수는 "잡는 행위"로 감점

Q. 094 02

주심의 "갈려" 선언 후 상대공격행위에 대하여 설명하시오.

공격이 "갈려" 후 이루어진 경우는 감점된다.

> **보충**
> - 공격행위 중 주심의 팔이 완전히 펴진 상태 전에 이루어지면 감점이 아니다.
> - 다른 감점행위와 이어져 "갈려" 후 공격이 된 경우 감점 두 개를 부여할 수 있다.
> - 비디오판독관은 주심이 "갈려" 수신호의 팔이 완전히 펴진 시점에서 선수가 지면에서 발이 떨어져 공격했는지 또는 몸에서 손이 떨어져 공격했는지 확인의 절차가 들어간다.

Q. 095 03

겨루기 경기에서 공방이 이루어지는 가운데 청선수가 체공에서 홍선수의 머리를 가격하고 한계선 밖으로 나간 경우에 대하여 설명하시오.

청선수의 머리(3점) 득점은 인정되고, 한계선을 넘어간 것에 대한 감점을 받는다.

> **보충**
> - 한계선 허공에서는 감점이 아니다.
> - 한계선에 한 발이 나가 공격의 득점이 이루어진 경우 득점은 무효하고 감점이 주어진다.

Q. 096 ③

주심직권승은 어떠한 경우에 이루어지는지 설명하시오.

다음의 경우에 주심직권승을 선언한다.
① 선수가 득점 기술에 의하여 쓰러져 주심이 "여덟"까지 계수할 때에도 경기 속행이 불가능한 경우, 또는 계수의 진행에 상관없이 주심이 경기 속행이 불가하다고 판단했을 때
② 선수가 1분의 응급처치 시간 후에도 경기 속행에 임하지 못할 때
③ 선수가 주심의 3회의 경기속행 지시("일어서")에 따르지 않을 때
④ 주심이 선수의 안전을 위하여 경기를 중단시켜야 한다고 판단했을 때
⑤ 의료진이 선수의 부상으로 인하여 경기 중단을 결정했을 때

> **보충**
> 주심직권승은 경기 중에 일어나는 상황에서 주심이 판단하여 경기 속행이 불가할 경우 내려지는 경기판정이다.

Q. 097 ③

골든라운드 회전에서 청선수가 상대 머리에 대한 공격을 먼저 성공시켰으나 상대 홍선수의 몸통 득점이 먼저 표출되었을 경우 지도자와 심판의 역할에 대하여 설명하시오.

- 청선수의 코치(감독) 영상판독을 신청할 수 있다. 단 영상판독 카드가 유효할 경우
- 주심이 영상판독을 요청할 수 있다. 영상판독위원이 머리 공격에 대한 득점이 빨랐다고 판단 시 주심은 몸통 득점을 취소시키고 머리 득점을 한 선수를 승자로 선언한다.

골든포인트 2점 내용

① 골든포인트 2점 이상 승

② 주먹점수 1점과 상대 반칙 감점에 의한 1점 승(2점)

③ 청=1점(주먹득점):홍=1점(상대반칙) 점수 우세로 청 승(1:1 경우)

④ 주먹득점 1점으로 종료되면 우세승. 골든라운드 감점 하나는 승패에 영향을 미치지 않으며 1~3 회전 감점에 포함 우세 판정

⑤ 주, 부심의 우세승 판정의 기준은 4회전에서의 경기 공격주도권, 기술 발휘 횟수, 고난도 기술 횟수, 경기 매너 순으로 한다. 이는 일반호구 사용 시에도 동일하게 적용된다.

Q. 098 ③

겨루기 경기 방식을 구분하여 말해 보시오.

겨루기 경기의 방식은 다음과 같이 구분한다.

① 개인 토너먼트(Single Elimination Tournament)

② 리그전(Round Robin)

③ 패자부활전(Double Repechage)

Q. 099 ③

태권도 평가 유형에 대하여 설명하시오.

어떤 목적으로 실시하느냐에 따라 진단평가, 형성평가, 총괄평가로 구분한다.

- **진단평가**: 수련생의 기술능력과 수련한 내용의 습득정도를 파악하기 위함이다. 수련능력을 사전에 조사하여 수련생에게 보다 적합한 지도가 이루어지도록 하기 위해 실시한다.
- **형성평가**: 주로 수련이 목표방향으로 진행되고 있는지 확인하거나 수련과정을 조정하기 위해 실시하며, 수련생들에게 수련 진행상황을 알리거나, 수련 방해요인을 제거하거나, 수련동기를 유발하는 중요한 기능을 한다.
- **총괄평가**: 일반적으로 목표성취 정도를 측정하기 위해 수련, 급별, 매년 또는 프로그램을 종료하는 시점에 실시한다.

평가 유형

구분	진단평가	형성평가	총괄평가(종합평가)
목적과 기능	• 선수학습능력, 배경지식 보유 유무 확인 • 적절한 교수 처방 • 수업 전 성취 수준의 결정 • 학생 특성 확인 후 학생의 분류 및 배치(정치)	• 학습단위별 학습의 성취 상태를 교사와 학생에게 피드백하여 수업 진행의 적절성 판단 • 학습단위의 구조에 따라 오류를 확인 및 교정하고, 교수 방법의 대안 제시, 교수법 개선	• 교육 목표 달성 여부 판정 • 교수전략, 교수프로그램 선택 결정 • 학생 성적 판정 • 진급 및 수료 자격 부여
사용시기	• 수업 전, 학기 초 • 수업 도중	수업 진행 도중	• 수업 후 • 학습 단위, 학기, 학년의 끝
채점	규준 지향 및 목표 지향혼용	목표 지향	• 일반적으로 규준 지향 • 때때로 목표 지향 사용
문항난도	• 선행 기능 및 능력의 진단 • 대부분 쉬운 문항 • 65% 이상의 난도	• 미리 구체화 할 수 없음 • 학습 목표 도달 및 교수 전략 개선을 위해 그때그때마다 적절한 문항 제작 • 최대한 성공의 기회를 제공 • 낮은 점수이면 교정	• 평균난도 35~70% • 전체가 약 50% 정도 • 대단히 쉬운 문항부터 대단히 어려운 문항까지
교육목표의 표집 방법	• 각 선형 시몬스 기능 행동의 구체적 표본 • 비중 있는 교과목표의 표본 • 특별한 교수형태와 관계있다고 생각되는 학생 변인의 표본 • 신체적, 정서적, 환경적 행동 표본	• 학급위계에 포함된 관련 있는 과제의 구체적 표본 • 예를 들어 21가지의 학습 요소가 모두 중요하다고 생각되면 21가지 모두 형성평가에서 출제	• 중요하다고 보는 교과목표의 표본 • 전부를 모두 내는 것이 아니라 학습내용이나 행동을 대표할 수 있는 문항을 출제

Q.100 03

겨루기 경기의 허용기술과 부위에 대해 아는 대로 설명하시오.

① 허용기술
- **손기술***: 바른 주먹의 앞부분을 이용한 지르기 공격이다.
- **발기술***: 복사뼈 이하의 발 부위를 이용한 공격이다.

② 허용부위
- **몸통부위***: 몸통호구로 보호되는 부위로 손기술과 발기술의 공격이 허용된다. 단 척추 부위는 공격할 수 없다.
- **머리부위***: 쇄골 위 부위, 발기술만 허용된다.

보충

평가 유형

- **손기술**: 바르게 쥔 주먹의 앞부분을 이용하여 상대의 몸통 득점 부위를 강하게 가격하는 것을 말한다. 주먹의 출발점이 어깨선 위일 때에나 허리 아래일 때에는 득점으로 인정하지 아니한다.
- **발기술**: 복사뼈 이하의 발 부위를 이용한 공격이다(복사뼈 위 다리 부위, 정강이 또는 무릎 등의 부위를 이용한 타격은 인정되지 않는다는 뜻이다).

※ 복사뼈 이하의 발 부위를 이용한 타격기술은 반칙에 의한 기술이 아니면 어떤 기술이라도 정당한 기술로 인정된다.

- **몸통부위**: 그림과 같이 쇄골과 장골 사이에서 호구로 보호된 부분을 몸통 허용부위로 한다.
- **머리부위**: 그림과 같이 쇄골 위 목 부위부터 머리 전체를 허용부위로 한다.

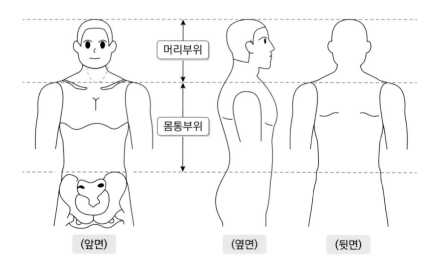

(앞면)　　　(옆면)　　　(뒷면)

[참고 사이트]

보건복지부 https://www.mohw.go.kr/

국민체육진흥공단 https://www.kspo.or.kr/

국기원 https://www.kukkiwon.or.kr/

대한태권도협회 https://www.koreataekwondo.org/

대한장애인태권도협회 http://kpta.koreanpc.kr/

대한장애인체육회 https://www.koreanpc.kr/

[교재]

국기원(2005). 국기원교본. 서울: 오성출판사.

국기원(2012). 태권도 기술. 서울: 상상나무.

국기원(2013). 3급 장애인 태권도 사범 연수 교재.

국기원(2017). 1, 2급 태권도 지도자 연수 교재.

국기원(2017). 3급 태권도 지도자 연수 교재.

국기원(2020). 태권도 기술 용어집. 서울: 다락.

김기진, 김영준, 김형묵(2014). 운동과 스포츠생리학. 서울: 대한미디어.

김선진(2000). 운동학습과 제어. 서울: 대한미디어.

김창국, 박상용(2014). 체력 및 포퍼먼스 향상을 위한 트레이닝 방법론. 서울: 대경북스.

박보현, 한승백, 탁민혁(2018). 스포츠사회학. 서울: 레인보우북스.

신군수, 신소영, 오경모, 임춘규, 조연숙(2016). 운동으로 만드는 백세건강. 서울: 대경북스

원영신, 홍미화, 고대선, 조은영(2006). 노인체육 이론 및 실제. 서울: 대경북스

송선영, 이숙경, 이선희(2020). 음악과 함께 하는 태권도 안무론. 서울: 박영사.

이명천(2017). 건강 스포츠 영양학. 서울: 라이프사이언스.

이정규(2012). 재미있는 태권도의 과학. 서울: 상아기획.

전선혜, 손원호, 안을섭(2015). 유아체육론. 서울: 대한미디어.

정훈교, 김공(2010). 노년기 운동지도법. 서울: 대경북

진낙식(2017). 유아체육론. 서울: 지식과 감성.

[수험서]

김용호, 김용운, 김정효, 한태룡, 김택천(2016). 스포츠지도사 만점도전 완전정리. 서울: 레인보우북스.

문개성, 김동문, 서정석(2024). M스포츠지도사 4주 완성 필기 한권 완전정복. 서울: 박영사.

배성우, 정상훈(2015). 스포츠지도사 한권으로 끝내기. 서울: 시대고시기획.

유동균, 정수봉(2020). 2020 에듀윌 스포츠지도사 바디빌딩 실기+구술 한권끝장. 서울: 에듀윌.

정수봉, 금명숙, 신승아, 이준영(2020). 스포츠지도사 필기 한권끝장. 서울: 에듀윌.

M스포츠지도사 태권도
실기·구술 완전정복

초판 발행   2020년 6월 1일
제4판 발행   2024년 5월 10일

지은이   이숙경 · 곽택용 · 진승태
펴낸이   안종만 · 안상준

편 집   김보라
기획/마케팅   차익주 · 김락인
표지디자인   이수빈
제 작   고철민 · 조영환

펴낸곳   ㈜ **박영사**
          서울특별시 금천구 가산디지털2로 53, 210호(가산동, 한라시그마밸리)
          등록 1959.3.11. 제300-1959-1호(倫)
전 화   02)733-6771
f a x   02)736-4818
e-mail   pys@pybook.co.kr
homepage   www.pybook.co.kr
ISBN   979-11-303-1977-3   (13690)

정 가   24,000원